IMAGE CONSULTING

서비스맨을 위한 이미지컨설팅

석은주 저

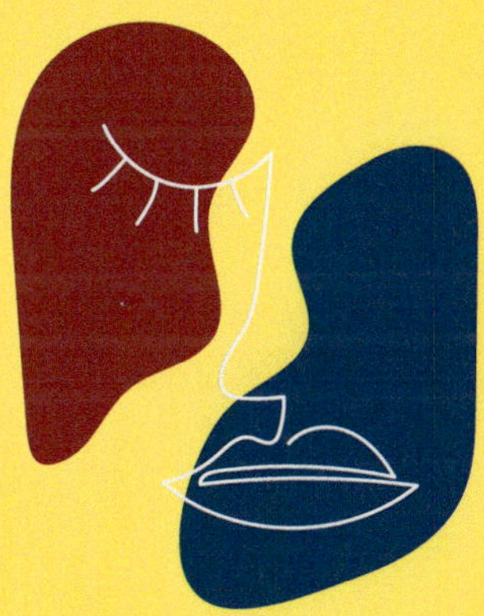

(주)백산출판사

프롤로그

일반적으로 서비스는 매우 쉽고 누구나 할 수 있는 것이라고 생각하지만 진정한 서비스, 상대에게 감동을 주는 서비스는 결코 쉽지 않을 뿐만 아니라 아무나 할 수 있는 일도 아니다. 서비스를 직업으로 삼고 있다면 자긍심을 가지고 업무에 임해야 하고 끊임없이 자신을 계발하기 위한 노력을 해야 할 것이다. 4차산업시대에도 서비스 산업은 지속적으로 발전할 것이며, AI가 인간을 대체하는 영역을 넓히고 있지만 고품격 서비스, 감성적 서비스는 인간만이 운영할 수 있다고 생각한다.

사회생활을 하는 성인 그리고 서비스맨이라면 기본적으로 자신의 이미지를 만들어가고 관리해 나갈 수 있어야 한다. 내면의 아름다움과 외적인 아름다움은 물론 전문적인 지식을 함양하여 다양한 상황 속에서 자신의 장점을 부각시키고 자신의 능력을 인정받을 수 있는 지속적인 노력이 필요하다. 자신이 원하는 분야에서 인정받고 성공할 수 있도록 자신의 직무 분야 관련 전문성뿐만 아닌 그 전문성을 돋보이게 해줄 배려심과 매너를 갖추기를 당부한다. 자신의 이미지는 현재 어느 위치에 있고 어떤 방향으로 어떻게 발전시키며 만들어 갈 것인가 고민할 때 이 책이 도움이 되기를 바란다.

긍정적이고 밝은 사람, 기본이 탄탄한 사람은 어려움이 닥쳐와도 쉽게 쓰러지지 않는다. 힘든 시간이 지나가고 있지만 우리는 그 속에서 희망과 가능성을 찾을 수 있어야 한다. 긍정적이고 호감 가는 이미지를 만들어가기 위한 노력이 그 어느 때보다 더 필요한 요즘이다. 이 책을 통해 독자들이 원하는 이미지 개발과 발전에 도움이 되기를 바란다.

2022년 1월

저자 석은주

차례

PART I 이미지 관리

PART I

이미지 관리

01

Chapter

이미지와 이미지메이킹

제1절 이미지(Image)

이미지(Image)란, 사전적 의미로는 어떤 사람이나 사물로부터 받는 느낌을 뜻하며, 구체적인 의미는 마음속에 그려지는 상(象), 심상(心象), 인상(印象) 등을 말한다. 이미지는 어떠한 대상의 형태나 움직임 등에 대해 느끼는 분위기, 감각, 연상 등의 총체적인 개념으로 표현할 수 있으며 인간의 지각에 의해 형성되는 것이다. 우리말로는 인상(印象)과 같은 뜻으로 쓰이며, 대상에 대한 느낌을 의미한다. 또는 어떤 대상에 대해 가지는 신념, 아이디어, 인상의 총체를 이미지라고 한다.

개인에 대한 이미지(Personal Image)는 독특하고 고유한 그 사람만의 느낌이다. 평상시의 대화에서 "저 사람은 이미지가 참 좋다." 또는 "유명인은 이미지 관리가 중요하지." 등과 같이 쓰일 때 그 예가 될 수 있다. 그러나 느낌이라는 것은 매우 주관적인 개념이므로 동일한 대상이라도 사람마다 가지는 이미지는 정도의 차이가 생길 수 있다.

사람들은 다른 사람에 대한 이미지를 형성할 때 외모뿐만 아니라 내면적인 것까지 관심을 가진다. 이미지는 내면적인 요소와 외면적인 요소가 복합적으로 작용하여 형성된다. 내면적 요소는 인간 내면의 인성으로 성격, 가치관, 동기, 신념, 이상, 지적인 수준 등을 반영하고, 외면적 요소는 보여지는 모습 즉, 표정, 메이크업, 헤어스타일, 체형, 옷차림, 자세, 동작, 행동, 걸음걸이 등에 의해 표현된다.

바람직한 이미지는 밝고 적극적인 표정, 향기 있는 몸차림, 품위 있는 행동, 청결한 외모, 온화한 말씨 등과 같은 외면적인 요소와 함께 진실되고 정성을 다하는 마음과 깊은 관심, 신뢰감, 겸손과 배려하는 태도 등의 내면적 요소의 조화로 만들어 낼 수 있는 것이다.

외적 이미지와 내적 이미지 이외에도 특정 사회 속에서 매너, 에티켓, 리더십, 행동, 태도, 자세, 신뢰 형성, 사회적 지위 등을 통해 형성되는 사회적 이미지가 있다. 자신이 속한 사회의 문화와 환경의 영향을 받으며 대인 간의 상호 교류를 통해 형성되는 이미지이다.

결과적으로 외적인 이미지와 내적인 이미지, 사회적 이미지가 결합되어 총체적인 이미지로 결정되는 것이다.

이미지는 개인의 지각적인 요소와 감정적인 요소의 결합이므로 객관적인 것이기보다는 주관적인 성격이 강하다. 이미지는 개인의 사고와 취향에 따라 만들어진 고유한 느낌, 특유한 감정 등을 의미하며 정서성을 동반하는 주관적인 평가이고 직접 경험 없이도 형성되므로 명확하게 정의 내리기에는 문제점이 많다.

이미지는 시각적인 것만을 생각하기 쉬운데, 다른 면에 비하여 먼저 눈에 잘 띄고 쉽게 접할 수 있기 때문이다. 그러나 이미지는 시각적인 부분 이외에도 태도, 언어, 사고방식, 조직 행동 등 수많은 감각에 의해 형성된 이미지를 포함하며 학습, 경험, 정보, 커뮤니케이션 행위에 의해 형성되고 수정 및 변형된다.

이미지는 마케팅 분야에서도 중요성이 부각되어 기업 이미지, 제품 이미지, 브랜드 이미지로도 활용되고 있다.

이미지는 인간이 환경에 대해 의미를 부여하는 지각 과정을 거치게 된다. 지각 과정에서 주관적이고 선택적으로 동일한 대상에 대해 다른 이미지를 부여하게 된다. 여기서 지각은 타인의 성격, 욕구, 감정, 사고 등의 인지를 말한다.

지각 과정을 거친 후 과거와 관련된 기억과 현재의 지각이라는 요소가 혼합되어 개인의 이미지를 형성하게 되는데 이 과정을 사고 과정이라고 하며, 지각과 사고 이전에 감정에 의해 반응하는 과정은 감정 과정이라고 한다. 감정적 반응은 이미지 형성의 확장 효과를 가져오며 이성적 과정보다 감정적 과정을 거쳐 형성된다.

[그림 1-1] 이미지의 형성 과정

이미지는 지적 이미지, 표정 이미지, 태도 이미지, 복장 이미지, 감성 이미지, 음성 이미지로 구분할 수 있다.

I	M	A	G	E	V
Intelligence	Mask	Attitude	Grooming	Emotion	Voice
지적 이미지	표정 이미지	태도 이미지	복장 이미지	감성 이미지	음성 이미지

[그림 1-2] **이미지의 구성 요소**

이러한 이미지를 결정짓는 중요한 요인들은 무엇인지 파악하고 그 중요성을 인지해야 한다.

외모 (Appearence)	- 첫인상을 형성하는 가장 큰 요인 - 얼굴 표정, 태도, 패션, 헤어스타일, 메이크업 등 - 외모는 아름다움을 넘어선 '긍정적이고 호감가는' 외모를 의미
표정 (Expression)	- 상대에게 긍정적인 호감을 주기 위한 가장 중요한 부분 - 표정을 밝게 하는 훈련을 통하여 원만한 대인관계 형성
태도 (Attitude)	- 인격을 나타내는 중요한 부분 - 상대의 마음을 편하게 해줄 수 있는 것은 상대방을 존중하는 마음을 바탕으로 하는 자연스러운 태도
목소리 (Voice)	- 말할 때의 억양과 말의 속도, 톤의 높낮이 - 말의 속도가 너무 빠르면 성급해 보일 수 있고, 목소리의 톤이 너무 높을 경우에는 가벼워 보일 수 있음
대화 (Speech)	- 자기 내면의 인격을 보여줄 수 있는 것 - 겸손하고 상대방을 배려하는 대화법을 사용하면 좋은 첫인상을 줄 수 있음

[그림 1-3] **이미지 결정 요인**

자신의 이미지를 관리하기 위해서는 단계별 노력이 필요한데, 가장 먼저 자신의 이미지를 객관적으로 파악하여 자신의 장점과 단점의 이미지를 분석한다. 다음 단계로 자신이 원하는 이미지 콘셉트를 정한다. 그리고 원하는 이미지를 형성하기 위한 방법을 고민하고 자신의 장점을 극대화하고 단점을 보완한다. 마지막 단계로 일시적 이미지가 아닌 진실된 이미지가 될 수 있도록 노력하고 외부로 드러나는 모습이 전부가 아님을 주의한다.

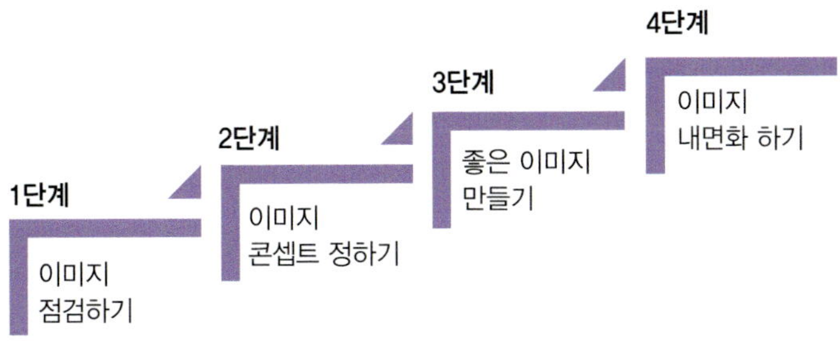

[그림 1-4] 이미지 관리 프로세스

이미지를 형성하는 데에 영향을 미치는 요인들과 이미지 회복을 위한 효과들이 있으므로 다양한 효과들을 알아두어 이미지를 관리하고 연출하는 데 활용할 수 있다.

효 과	의 미	예
초두효과 (Primacy Effect)	먼저 제시된 정보가 나중에 들어온 정보보다 전반적인 인상 형성에 강력한 영향을 미치는 것	첫인상은 쉽게 바뀌지 않는다.
최근효과 (Recency Effect)	초두효과와는 반대의 의미로, 시간적인 흐름에서 가장 마지막에 제시된 정보 즉, 최근에 받은 이미지가 인상 판단에 중요한 역할을 한다는 것	

후광효과 (Halo Effect)	어떤 사람이 지닌 두드러진 특성이 연관되지 않은 다른 것들까지 좋거나 나쁘다고 평가하는 것	외적인 이미지가 매력적이면 그 사람은 성격도 좋고 지적일 것이라고 생각하며, 반대의 이미지일 경우 성격이 나쁘거나 능력이 없을 것이라고 생각할 수 있다.
악마효과 (Devil Effect)	후광효과와 반대의 의미로, 외모로 모든 것을 평가하여 다른 모습을 보기도 전에 부정적으로 판단해 버리는 현상. 즉 편견이 이미지 형성에 영향을 미치는 효과	마른 사람은 성격이 예민할 것이다.
맥락효과 (Context Effect)	처음에 인지된 이미지가 이후 형성하는 이미지의 판단 기준이 되고, 전반적인 맥락을 제공하여 인상 형성에 영향을 주게 되는 것	온화한 사람이 머리가 좋으면 지혜로운 사람으로 보이고, 이기적인 사람이 머리가 좋으면 교활하다고 해석한다.
빈발효과 (Frequency Effect)	첫인상이 부정적이었더라도 반복해서 제시되는 행동이나 태도가 진지하고 솔직하면 점차 좋은 쪽으로 바뀌는 현상	삼고초려(三顧草廬), 열 번 찍어 안 넘어가는 나무 없다.
부정성효과 (Negative Effect)	타인의 인상을 평가할 때 대부분 긍정적으로 평가하지만 어떤 부정적인 정보가 나타나면 다른 긍정적인 정보보다 부정적인 것에 더 큰 비중을 두고 인상을 평가하는 것	열 번 좋은 일을 하고도 한 번 나쁜 행동을 하면 그 사람을 나쁘게 본다.
낙인효과 (Stigma Effect)	과거의 경력으로 현재의 인물 평가와 이미지 형성에 미치는 영향. 특히 부정적인 경력은 편견을 야기하고 이미지 형성이나 인간관계에도 반영되어 부정적인 인상 형성에 영향을 주게 됨	
호감 득실 효과 (Gain-loss Effect)	자신을 처음부터 계속 좋아해주던 사람보다 자신을 싫어했다가 좋아하는 사람을 더 좋아하게 되고, 자신을 처음부터 싫어하던 사람보다 자신을 좋아했다가 싫어하는 사람을 더 싫어하게 되는 것	평소에 무심하다가 뒤에서는 세심하게 마음을 써주고 가끔 자상한 모습을 보이는 사람에게 더 마음이 간다.

현저성 효과 (Vividness Effect)	두드러진 특징을 가진 정보가 인상 형성에 많은 영향을 미치는 현상으로 현저성 편향 (Salience Effect) 또는 독특성 효과라고도 함. 상대가 제시하는 여러 정보에 대해 공평하게 주의를 기울이는 것이 아니라 현저하게 주목 받는 면에 의지하는 것	튀는 사람이 눈에 더 잘 들어 오고 그 사람이 가장 영향력 있어 보인다.

제2절 이미지메이킹(Image Making)

이미지메이킹(Image Making)은 목적이나 상황에 맞도록 자신을 표현하는 것으로 자신의 내적 잠재력과 외적 연출이 조화롭게 합쳐져서 보다 나은 이미지를 극대화하여 표출하는 것을 말한다. 이미지메이킹은 시간, 장소, 상황에 맞는 접점을 알고 대처하여 다양한 상황에 맞는 적절한 이미지를 연출할 수 있어야 한다. 일반적으로 이미지메이킹은 외모만 아름답게 가꾸는 것으로 오해하는 경우가 있는데, 이미지메이킹은 외적 이미지를 강화함으로써 긍정적인 내적 이미지를 끌어내는 것이다.

이미지는 다른 사람들에 의해 평가되지만 이미지의 주체는 나 자신이므로 주관적인 자아와 객관적인 자아 사이의 차이를 최대한 줄여서 객관적 자아상을 확보하는 노력이 이미지메이킹이다.

타고난 이미지도 중요하지만 후천적으로 끊임없이 더 나은 이미지가 계발되어야 한다. 개인의 능력이 아무리 뛰어나도 자신만의 이미지를 이상적으로 연출하지 못한다면 그 능력을 보여줄 기회를 놓치게 된다.

또한 개인이 어느 특정 기업의 구성원으로 속해 있을 때 개인의 이미지는 곧 기업의 이미지가 된다. 직원의 잘못된 고객응대나 전화응대로 인해 많은 불만과 불평이 발생하고 나아가 기업의 이미지가 실추되는 빈번한 예들을 보면 알 수 있듯이, 기업의 신뢰감 향상과 홍보 효과를 위해 개인의 이미지메이킹은 꼭 필요한 분야가 되었다. 취업면접에서 구직자의 외모와 호감 가는 첫인상이 매우 중요한 경쟁력이 되었고, 개인이나 기업이 경쟁력 있는 이미지로 살아남기 위해서는 보다 체계적이고 성공적인 이미지메이킹 전략이 필요하다.

과거의 이미지메이킹이 정치인이나 연예인처럼 대중을 설득하거나 인기를 얻어야 할 사람들의 전유물로 여겨졌다면 이제는 더 이상 그들에게만 국한된 문제가 아니다. 기업과 타인에게 인정받기 위해서는 이미지를 잘 활용해야 성공하는 시대인 것이다. 기업들도 기업만의 독립적이고 차별화된 이미지를 만들어가고 어필하기 위해 노력하고 있다. 기업의 제품이나 브랜드에도 고유한 이미지를 부여하고 관리하여 소비자에게 인식시키려고 한다. 그것이 사업의 성패와 직결되기 때문이다. 기업뿐만 아니라 개인의 가치를 높이기 위해서는 상대에게 각인될 수도 있도록 고유한 이미지를 잘 활용해야만 성공하는 시대이다.

결과적으로 이미지메이킹은 내적인 자아표현에 중점을 두고 스스로를 표현하는 것으로 자신감을 향상시키고 긍정적인 이미지를 극대화해 나감으로써 다른 사람에게 호감과 신뢰를 연출해 가는 것이다. 다양한 사람들과의 사회활동 안에서보다 조화로운 의사소통을 위해 나를 만들어가는 과정이라고 인지함으로써 나 자신도 만족하고 나 이외의 사람들 즉, 고객이 만족하는 다차원 개념으로 인지해야 한다. 이미지메이킹은 자신의 열등감을 극복하고 자신감을 키우며 자아존중감이 향상되어 대인 관계 능력이 향상

되는 효과가 있다. 자신의 사회적 지위에 맞도록 외적 이미지와 내적 이미지를 최상으로 만드는 것이 필요하다. 이미지를 바꾸거나 계발하는 이미지 메이킹은 시대와 상황이 요구하는 현실에 유연성과 독창성을 바탕으로 자신만의 향기로움을 담도록 노력하는 것이라 할 수 있다. 자신이 원하는 이미지로 만들어가기 위한 이미지메이킹 단계를 6단계로 구분해 보면 다음과 같다.

[그림 1-5] 이미지메이킹 6단계

가장 먼저 자기 자신이 가지고 있는 장단점을 분류하여 파악하는 것이 중요하다. 자신이 원하는 이미지를 선택하고 설계하고 발전시켜 나가기 위해서는 롤모델을 선정하는 것이 좋다. 직업적 이미지이든 개인 이미지이든 본인이 원하는 이미지가 있는 롤모델을 선정하여 롤모델의 이미지를 우선 목표로 발전시켜 나가는 것도 방법이다. 이때 목표방안을 구체화하고, 롤모델의 모습과 행동을 모방하는 것에서 시작하여 자신의 개성을 더해 자신만의 특성을 살려나가는 과정이 필요하다.

서비스는 상대를 존중하는 것이 바탕이 되지만 동시에 자신의 발전을 가져온다. 기교가 아닌 마음을 전하는 서비스를 하기 위해서는 적극적이고 능동적인 사고가 필요하며 자기 확신을 바탕으로 한 지속적인 노력으로 자기계발을 해야 가능해진다.

이미지메이킹은 자신의 이미지를 상황과 대상에 맞도록 표현하는 것이 중요하다. 평범하더라도 밝고 건강한 인상이 중요하며 상대에게 호감을 주고 신뢰감을 생성할 수 있는 이미지 연출을 해야 한다.

서비스맨은 자신의 능력을 상품화하고 지속 발전시켜야 한다. 자신감을 가지고 자신을 표현하는 기회를 만드는 것도 중요하다. 마케팅의 시대에 맞도록 자신을 브랜드화, 명품화해야 한다.

즉 이미지메이킹은 자신의 참자아를 발견하여 정체성을 확보할 수 있도록 하고 자신의 특성과 진가를 신분과 역할에 맞도록 브랜드화 하는 것이다.

제3절 나의 이미지 점검하기

이미지메이킹을 위한 첫 단계로 나의 이미지를 객관적으로 분석하는 것부터 시작해본다. 자신이 내적, 외적으로 다른 사람들에게 어떻게 보여지고 있는지 진단해보고 자아가 타인들과 어떠한 차이가 있는지 발견하여 개인의 이미지 지수를 체크하고 자신을 개선해 나가도록 한다.

자신의 이미지를 진단해 보는 것으로 우선 자신의 장점과 단점을 세세하게 열거해보고 자신의 이미지를 분석해 보는 방법이 있다. 자신의 성격, 감정, 외모, 사회적 성향, 지적 능력, 신념, 가치관, 관심사 등이 포함된 내용으로 기술해 나간다. 이렇게 함으로써 본인이 원하고 추구하는 이미지를 설계하는 기초를 만들 수 있다.

내적 이미지, 외적 이미지와 관련된 여러 가지 내용의 항목을 체크할 수 있는 진단지를 활용하는 방법도 있다.

특정한 과제를 해결하기 위해, 본인의 강점, 약점, 기회요소, 위협요소를 파악하고 분석하는 방법을 SWOT 분석이라고 한다. 본인의 강점과 약점은 내부요인으로 분류할 수 있고, 기회요소와 위협요소는 외부요인으로 분류할 수 있다. 자신의 내부적인 요인인 강점과 약점을 나열해보고, 현재 주어진 외부적인 요인들을 기회와 위협으로 구분하여 정리해 본다. 그 이후 강점과 기회요소를 함께 살펴보고 나의 강점을 살려서 외부적인 기회요소들을 어떻게 활용할 수 있는지 전략방안을 정리해본다. 나의 강점과 위협요소를 분석한 후 나의 강점을 활용하여 위기요소들을 어떻게 해결해 나갈지 정리한다. 나의 약점과 기회요소를 분석하여 나의 어떠한 약점을 보완하여 기회들을 활용할 수 있을지 정리해보고, 약점과 위협요소들을 분석한 후 나의 어떠한 약점들을 보완해야 위기요소들을 극복할 수 있을지 방안을 정리해 본다. 그 결과 나의 강점과 약점을 활용하여 외부의 기회를 활용하고 위기를 극복할 수 있는 전체적인 전략방안이 도출되는 것이다.

자신의 목표를 달성하기 위한 전략을 수립하기 위하여 SWOT 분석을 해 보고 현재 나의 위치와 나아갈 방향을 수립해 보도록 한다.

SWOT 분석

내부요인 / 외부요인	강점 (Strength)	약점 (Weakness)
기회요소 (Opportunities)	SO 전략	WO 전략
위협요소 (Threats)	ST 전략	WT 전략

02
Chapter

신체 이미지 관리

제1절 첫인상 관리

첫인상이란 처음 대면하는 짧은 시간에 상대방에 대한 평가와 결론을 내리는 것이다. 첫인상은 대략 10초 안에 결정되며 처음 받은 이미지는 쉽게 사라지지 않는다. 한번 결정된 이미지는 오랫동안 대인관계에 영향을 미치기 때문에 첫인상 관리는 매우 중요하다. 인간관계에서 가장 중요한 것이 무엇인지 떠올려 본다면 그중 하나가 첫인상이다.

또한 첫인상은 이미지메이킹에서 매우 중요한 힘을 지니고 있으며 신속성, 일회성, 일방성, 영향력, 연관성 등 여러 형태의 속성을 갖는다.

첫인상에 영향을 미치는 여러 요인들 중 시각적 요소가 가장 영향력이 크다. 이것은 1971년 미국 UCLA 교수 앨버트 메라비안(Albert Mehrabian)이 출간한 저서 Silent Messages에서 발표한 이론을 근간으로 하고 있다. 메라비안 교수는 사람과 사람 간의 의사소통에 미치는 영향관계를 살펴보는 두 가지 실험을 통해 다음과 같이 주장하였다. 표정이나, 시선, 자세, 옷차림 등의 시각적 요소가 55%, 목소리의 고저, 음색, 억양 등의 청각적 요소가

신속성	• 첫인상이 결정되는 시간은 단 몇 초에 불과하다.
일회성	• 처음 한 번에 전달되고 오랫동안 기억되며 쉽게 변하지 않는다.
일방성	• 평가하는 사람의 일방적인 판단과 가치관에 따라 인식된다.
영향력	• 첫인상은 오래 기억되고 부정적인 첫인상을 변화시키기는 많은 시간과 노력이 필요하다.
연관성	• 이미 익숙한 기억의 사람이나 사물과 연상하거나 혼동하여 오류를 인식하는 경우가 발생한다.

38%, 말의 내용, 전문 지식 등의 언어적 요소가 7%의 영향을 미친다고 한 것이다. 이 내용은 많은 사람들이 일반적으로 알고 있는 내용이지만, 최근 기업들의 인사담당자를 대상으로 면접 시 지원자의 첫인상을 결정하는 요인을 조사하였을 때, 시각적인 부분이 80% 이상인 것으로 나타난 사례도 있다. 첫인상은 매우 중요하고, 시각적 요소의 영향력이 가장 크다. 첫인상을 관리하기 위하여 우리는 우선 시각적인 부분부터 시작하여 내면의 부분까지 개발하고 발전시켜 나가는 이미지케이킹을 해야 한다.

제2절 표정 이미지 관리

표정은 이미지메이킹의 가장 핵심적인 키워드이다. 얼굴은 상대방이 바라보는 첫 번째 신체 기관으로 타인들과의 대면 상황에서 자연스럽게 흥미의 초점이 되고 얼굴 표정만으로도 그 사람의 기분 상태, 건강 상태, 교양 정도를 가늠할 수도 있다. 표정은 나의 마음과 심리 상태를 표출하고 감정 상태가 가장 잘 반영되는 부분으로 나를 상대에게 보여주는 창구역할을 하며 상대방에게 호감을 주기도 하고 불쾌감을 주기도 한다. 따라서 표정은 자신을 보여주는 이력서와도 같은 역할을 한다. 대인관계에 있어서 밝고 긍정적인 표정은 매우 중요하며 좋은 첫인상은 미소 띤 밝은 얼굴에서 시작한다.

〈 무표정 〉

〈 가벼운 미소 〉

〈 밝은 미소 〉

〈 무표정 〉

〈 가벼운 미소 〉

〈 밝은 미소 〉

표정을 지을 때 무표정과 가볍게 미소지으며 입꼬리가 살짝 올라간 표정 그리고 치아가 보일 정도의 환하게 웃는 표정 중 어떤 표정이 긍정적이고 호감 가는지 느껴본다. 표정을 비교해보면 밝고 환하게 웃는 표정이 가장 긍정적으로 보일 것이다. 이런 자연스럽게 밝은 표정을 짓기 위해서는 평상시 꾸준한 연습과 반복적인 훈련이 필요하다. 밝은 표정을 지을 때는 입 모양뿐만 아니라 눈, 코, 입 등 얼굴 전체가 웃고 있어야 진정으로 웃는 것이고, 그 진심이 상대에게도 긍정적으로 전달된다.

마인드 컨트롤 효과

• 웃음이 뇌에 긍정적 신호로 전달되어 기분이 좋아지고 마음의 평온함을 느낄 수 있도록 한다.

건강증진의 효과

• 웃음을 통해 긴장과 불안이 해소되면서 스트레스가 해소되고 면역기능이 증가한다.

호감 형성의 효과

• 상대로 하여금 호감과 친근함을 느끼게 하여 긍정적 이미지를 형성하는 데 도움을 준다.

감정이입의 효과

• 상대에게 좋은 감정을 이입하는 효과가 있다.

실적 향상의 효과

• 즐겁게 일을 하게 되어 일의 능률이 오르고 결과적으로 실적이 향상된다.

신바람 효과

• 상호 간의 밝은 표정이 조직의 업무 효율성을 높이고 분위기를 부드럽게 하여 즐겁게 일하는 분위기를 만들어 준다.

[그림 2-1] **밝은 표정의 효과**

밝은 표정을 짓게 되면 기분이 좋아지고 마음의 평온함을 얻게 된다. 웃으면 긴장과 불안이 풀리며 스트레스 해소와 면역기능이 증가하는 효과가 있다. 밝은 웃음으로 인해 상대가 친근함을 느끼고 자신에 대한 긍정적인 이미지를 가지게 하면서 상대에게 좋은 감정을 이입할 수 있다. 서로 간에 밝은 표정을 하게 되어 소속되어 있는 조직의 업무 효율이 올라가고 분위기가 좋아져 즐거운 직장 분위기를 만들 수 있다. 그로 인해 일의 능률이 오르고 실적이 향상될 수 있다. 이처럼 밝은 표정은 개인 심신의 건강부터 실적 향상과 조직의 분위기 향상까지 다양한 긍정적 효과를 가져온다.

밝고 긍정적인 표정을 연출하려면 시선 처리가 매우 중요하다. 눈의 표정을 통해 좋은 관계를 이끌어 낼 수 있으며 좋은 커뮤니케이션 수단이기 때문이다. 상대를 바라볼 때 자연스럽고 부드러운 시선과 느낌으로 상대를 바라보는 것이 중요하다. 너무 오래 집중해서 상대의 눈을 쳐다보면 서로 불편함을 느끼거나 공격적인 느낌을 전달하여 오히려 부정적인 영향을 미칠 수 있다. 눈과 미간, 코 사이를 자연스럽게 시간 차이를 두고 번갈아 보는 것도 방법이다. 상대가 남성인 경우 헤어에 콤플렉스가 있을 수 있으므로 눈썹 위쪽을 바라보는 것은 삼가고, 눈썹부터 넥타이 매듭 정도 사이에서 자연스럽게 시선을 처리하는 것이 바람직하다. 상대가 여성인 경우는 여성의 턱 아래쪽으로 시선을 내리면 오해의 여지가 있으므로, 턱 위쪽으로 시선을 처리하여 서로 간의 오해가 발생하지 않도록 하는 것이 좋다.

눈은 마음의 창이라고 한다. 서로의 진심을 확인할 수 있는 창구의 역할을 하는 것이 눈이므로 컬러렌즈를 착용하여 본인의 눈을 가리는 것은 진심을 나누어야 하는 고객 대면 서비스에는 적절하지 못하다. 상대의 시선을 피하지 않고 대화 도중에도 긍정적인 표정 연출을 하며, 자신 있는 표정, 미소, 부드러움을 유지하는 것이 좋다. 자연스러운 눈맞춤 즉, 아이콘택트(Eye Contact)는 상대의 말을 경청하는 의미이고, 상대를 존중하는 표현이며, 자신의 자신감을 표현하는 방법이므로 매우 중요하다.

상대와의 아이콘택트를 피하는 것은 대화에 집중하지 않는 것으로 느껴져 상대방에게 불쾌감을 조성할 수 있다. 똑바로 쳐다보지 않고 곁눈질로 본다면 대화 내용에 불만 또는 의심을 가지고 있다는 느낌을 준다. 눈동자를 위로 치켜뜨고 상대를 본다면 상대방에 대한 거부감이나 항의의 표시로 느껴질 수 있다. 반대로 눈동자를 아래로 내려뜨면 거만하게 보이고, 상대를 무시하는 듯한 느낌을 줄 수 있다. 너무 빤히 쳐다보는 행동은 의심을 하거나 취조를 하는 느낌이고, 상대를 위아래로 훑어보는 것은 불신과 경멸감을 느끼게 할 수 있으므로 조심한다.

상대와의 시선을 맞출 때는 부드럽고 자연스럽게 그리고 눈동자는 눈의 가운데에 위치할 수 있도록 한다. 개인적인 안 좋은 시선 처리 습관이 있다면 고치는 것이 필요하다.

밝은 표정을 연출하기 위해서는 눈만 웃어도, 입만 웃어도 안 되고 눈, 코, 입 모두 활짝 웃어야 한다. 입꼬리가 양쪽 위로 균형있게 올라가 있는 모습은 자연스러운 미소를 만들어 준다. 웃는 표정임을 확실히 해주는 것도 바로 입의 역할이다. 입술을 내밀거나 입꼬리가 비뚤어지면 불만이 있어 보인다. 입을 벌리고 있으면 생각이 없거나 관심이 없어 보인다.

일상적으로 마스크를 착용하면서 표정에 대한 관심이 덜해지는 경향이 많아지고 있다. 마스크 밖으로 보여지는 부분은 얼굴의 일부분이지만 그 사람의 표정을 읽기에는 충분하다. 그 표정으로 그 사람의 마음 상태 또한 짐작할 수 있다. 마스크 착용에 핑계를 대거나 의지하지 말고 언제나 밝은 표정을 연출하는 연습을 하는 것이 필요하다. 반복적으로 꾸준한 표정 연습을 하여 밝은 사람, 친절한 사람, 긍정적인 사람, 함께 일하고 싶은 사람의 이미지를 가지도록 해보자.

제3절 자세 이미지 관리

자세는 몸을 움직이거나 가누는 모양으로 마음의 표현이며, 태도는 어떠한 일이나 상황 따위를 대하는 마음가짐 또는 그것이 드러난 자세를 뜻한다. 올바른 자세와 태도는 상대에게 긍정적인 호감을 주고 신뢰감을 준다. 언행과 태도, 자세가 합쳐져서 상대에게 배려하는 마음과 존중하는 마음을 전달하게 된다. 그러므로 올바른 자세를 몸에 익혀서 성실하고 예의바른 긍정적인 이미지를 만들어 좋은 인간관계를 형성할 수 있도록 해야 한다. 특히 서비스맨에게는 밝은 표정과 함께 바른 자세와 성실한 태도를 몸에 익혀야 한다.

바른 자세를 유지하게 되면 적극적인 태도와 자신감이 생겨난다. 또한 신체적으로 건강을 유지할 수 있으며 건강하고 듣기 좋은 목소리를 낼 수 있도록 도와준다. 서 있을 때, 걸을 때, 앉아있을 때, 방향을 가리킬 때와 같이 일상생활과 서비스 업무의 다양한 상황 속에서 올바른 자세와 태도를 연출하기 위한 연습을 해본다.

서 있을 때의 자세

모든 자세의 기본은 바르게 서 있는 자세로부터 시작된다. 사진에서 볼 수 있듯이 바르게 서 있는 자세는 상대방에게 신뢰감을 전달한다. 바르게 선 자세는 우선 시선은 부드럽게 표정은 밝게 하여 상대방을 응시한다. 고개는 숙이지 말고 들어야 하며 턱은 살짝 안으로 당겨준다.

목은 거북목이 되지 않도록 똑바로 하고 어깨는 힘을 빼고 자연스럽게 펴준다. 어깨가 안으로 굽지 않도록 하고 어깨 한쪽이 기울어지지 않고 대칭을 이루도록 한다. 가슴은 펴고 등과 허리도 곧게 펴준다. 배는 내밀지 말고 아랫배에 힘을 주어 단전을 단단하게 한다.

손은 공수(拱手)를 한다. 공수자세(供水姿勢)는 두 손을 마주잡아 공손한 자세를 취하는 것을 말하는데, 여성과 남성의 손 위치가 다르므로 유의해야 한다. 여성의 경우, 오른손이 위로 오도록 잡고 남성의 경우는 반대로 왼손이 위로 오도록 한다. 그러나 흉사에 참석했을 경우에는 공수의 위치가 평상시와

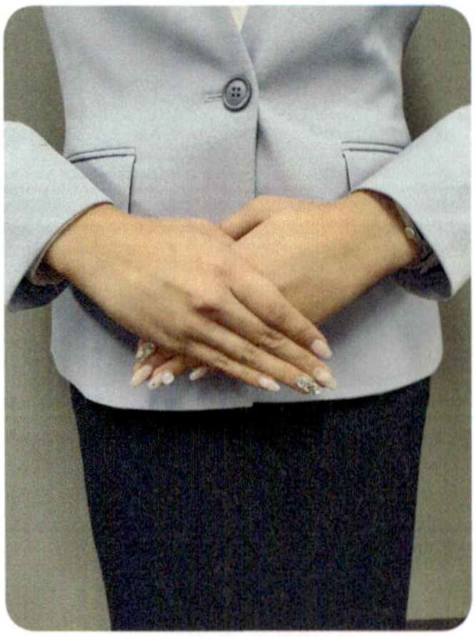

〈 공수-여성 〉

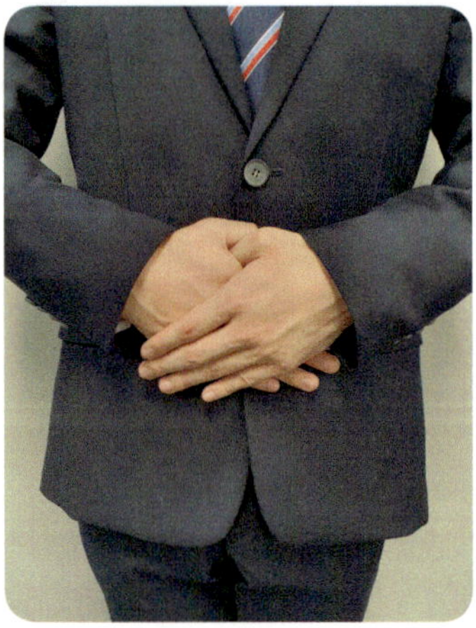

〈 공수-남성 〉

반대가 된다. 일반적인 공수를 여우남좌(女右男左)라고 외우면 실수하지 않을 수 있다.

남녀 모두 무릎을 붙이고 발 뒤꿈치도 붙인다. 발의 앞쪽은 11자로 붙이거나 살짝 벌려 V자 모양으로 자연스럽게 한다. 몸의 중심은 양쪽 엄지발가락에 두고, 몸의 힘을 한쪽에 두지 말고 균형을 유지하여 선 자세를 유지한다.

엉덩이가 뒤로 빠지지 않도록 하고 상체가 한쪽으로 기울어지지 않도록 유지한다.

〈 공수자세-여성 〉

〈 공수자세-남성 〉

서 있을 때 정면을 응시하지 않거나 상대와 시선을 맞추지 않는 자세는 바르지 못하다. 표정이 어둡거나 무표정인 경우, 거북목이 되어 고개가 앞으로 빠진 경우는 바르지 못한 자세로 좋지 못한 이미지를 전달한다. 상체가 한쪽으로 기울어지거나 다리 한쪽에 힘을 실어 비딱하게 서 있는 경우, 주머니에 손을 넣고 있거나 무릎이나 다리를 벌리고 서 있는 것도 바르지 못하다. 특히 서비스맨들은 업무 시, 대기 시, 고객 앞에서 항상 바른 자세로 서 있을 수 있도록 유의한다.

앉을 때의 자세

서 있을 때만 아니라 앉는 동작, 앉아 있는 자세도 바르게 유지해야 한다.

남성의 경우 서 있는 자세에서 의자와의 간격이 반 보 정도 앞에서 한쪽 발을 의자 쪽으로 뒤로 하여 의자를 확인한 후 한 번에 앉는다. 의자 안쪽 깊숙이 엉덩이를 밀어 넣어 앉고 허리는 곧게 편다. 의자 등받이와 등 사이에 주먹 하나 들어갈 정도의 간격을 두고 앉아서 등을 의자에 기대지 않도록 한다. 앉아 있을 때 어깨와 허리를 펴고 반듯하게 하고, 무릎과 발은 골반 넓이 정도로 벌리고 무릎과 발이 일직선이 되도록 한다. 발끝은 11자 모양으로 똑바로 한다. 손은 가볍게 주먹쥐어 무릎 위에 자연스럽게 올려 놓는다. 고개는 들고 밝고 부드러운 표정을 짓는다. 의자에서 일어날 때는 앉을 때와 반대 순서로 하여 한쪽 발을 살짝 앞으로 하고 소리내지 않고 한 번에 일어난다.

여성의 경우도 서 있는 자세에서 의자와의 간격이 반 보 정도 앞에서 한쪽 발을 의자 쪽으로 뒤로 하여 의자를 확인 후 한 번에 앉는다. 앉을 때는 엉덩이쪽 스커트를 살짝 쓸어주며 정리하여 앉는다. 의자 깊숙이 엉덩이를 밀어 넣고 허리를 편다. 의자 등받이와 등 사이에 주먹 하나 들어갈 정도의 간격을 두고 앉아서 등을 의자에 기대지 않도록 한다. 손은 공수하여 치마 끝단 쪽에 자연스럽게 올려 놓는다. 어깨와 허리를 펴서 반듯하게 하고, 무릎과 발은 붙인다. 다리는 직각이 되도록 하거나, 20도 정도 살짝 비스듬히 하여 발을 옆쪽으로 두어도 좋다. 발목이 꺾인 모양이 되지 않도록 하고 다리와 발목, 발이 일직선이 되도록 한다.

의자 등받이에 등을 기대고 앉으면 거만해 보일 수 있다. 반대로 의자 끝에 걸터 앉으면 불안해 보인다. 등을 구부리고 앉으면 자신감이 없어 보인다. 다리를 꼬고 앉거나 팔짱을 끼고 앉는 것도 거만해 보일 수 있고, 다리를 A자 모양으로 만들거나 발목을 꼬아서 앉는 것, 다리를 떠는 것도 바람직하지 않다. 남성의 경우 다리를 심하게 벌리고 앉거나 너무 모으고 앉아 있는 모습도 좋지 않다. 여성의 경우 무릎을 반드시 붙이고 치마 관리를 해야 한다.

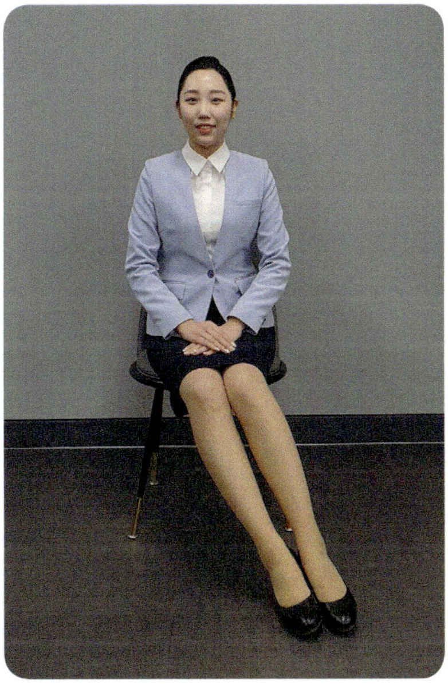

〈 여성 〉

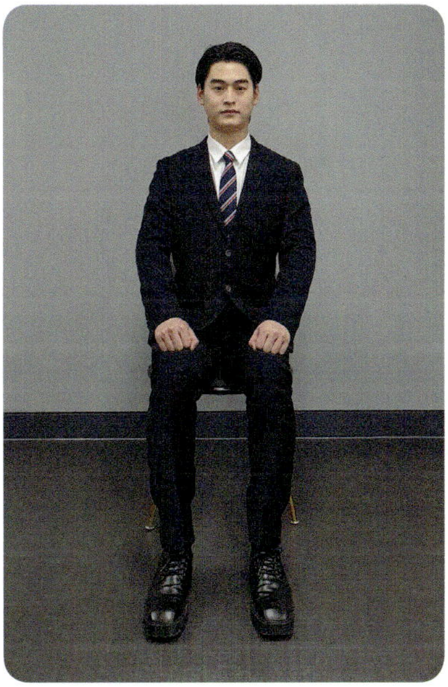

〈 남성 〉

걸을 때의 자세

서 있거나 앉아 있는 것처럼 동작이 크지 않은 자세들은 반듯하게 유지하는 것이 중요하다면, 걷는 자세는 동작 하나하나에 주의를 기울여야 한다. 사람들의 걷는 모습을 보면 건강 상태, 기분 상태, 성격도 예상할 수 있을 정도로 걷는 모습도 자신의 긍정적 이미지를 전달하는 데에 중요하다. 자연스럽고 자신감 넘치는 걸음걸이를 연습해 보도록 한다.

걸어갈 때에는 시선을 정면에 두고 턱은 살짝 안으로 당겨 자연스럽게 걸을 수 있도록 한다. 등은 곧게 펴고 허리에 힘을 주고 몸의 중심을 잡는다. 가슴은 활짝 펴고 어깨는 힘을 빼고 자연스럽게 하며 배는 내밀지 말고 가볍게 힘을 주어 긴장상태를 유지한다. 팔은 자연스럽게 흔들리도록 하고 옆으로 벌어지지 않도록 유의하며 양손은 가볍게 주먹을 쥔다. 무릎은 벌어지지 않고 스치도록 하고 발뒤꿈치에서 발바닥, 발가락의 순서로 바닥에 닿도록 걷는다. 워킹 라인을 남성은 11자, 여성은 1자가 되도록 한다. 단, 항공객실승무원의 경우 기내에서는 기류변화 등으로 기체가 흔들릴 수 있으므로 안전하게 11자로 걷는다.

걸을 때 턱과 목이 앞으로 빠지거나 숙이고 걷지 않도록 한다. 어깨가 한쪽으로 기울어지지 않도록 하고 가방을 메고 있다면 양쪽 어깨에 번갈아가며 메어서 균형을 유지할 수 있도록 한다. 몸을 움츠린 채로 걷거나 배를 내밀고 걷는 것은 좋지 않다. 발소리를 너무 크게 쿵쿵대거나 신발을 끌면서 걷는 것은 매우 좋지 않다. 팔자걸음이나 안짱걸음이라면 고쳐야 하고, 주머니에 손을 넣고 걷지 않는다.

방향을 지시할 때의 자세

방향을 가리킬 때도 절제되고 정돈된 자세를 유지해야 한다. 상대방 또는 고객을 응대할 때 손짓, 몸짓, 동작 하나에도 표정이 있다고 생각하고 행동해야 한다.

〈 가까운 곳을 가리키는 경우 〉

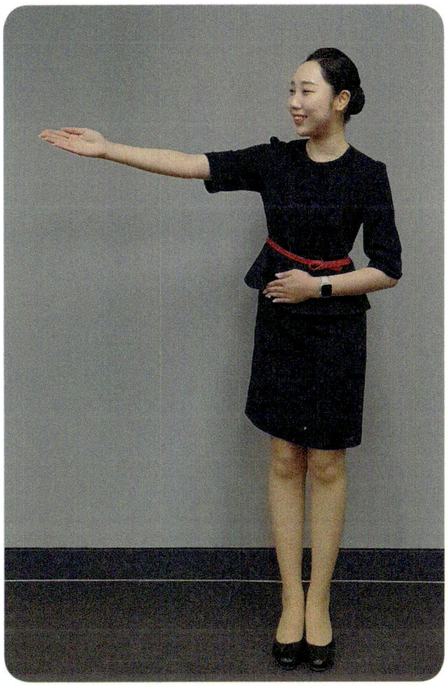

〈 먼 곳을 가리키는 경우 〉

방향을 지시하거나 가리킬 때 손의 모양은 손가락을 벌리지 말고 가지런히 모아 단정하게 보이도록 한다. 손바닥을 45도 정도 비스듬히 기울여 위로 향하게 하고 손등이 보이지 않도록 하여 팔과 손목, 손이 꺾이지 않고 일자가 되도록 한다. 오른쪽을 가리킬 때는 오른손을, 왼쪽을 가리킬 때는 왼손을 사용한다. 뒤쪽을 가리킬 때는 몸을 살짝 뒤로 돌리며 손으로 방향을 가리킨다. 한 손은 방향을 가리키고 다른 한 손은 허리 쪽에 위치하여 공손한 느낌이 들도록 한다. 두 손을 사용할 때는 사람을 가리킬 때이다. 팔꿈치를 이용하여 거리를 표현할 수도 있다. 가까운 곳을 가리킬 때는 팔꿈치를 접고, 먼 곳을 가리킬 때는 팔을 쭈욱 펴서 거리감을 나타낸다.

방향을 가리킬 때도 표정은 밝고 부드럽게 유지해야 하며 동작은 절도있게 하여 방향의 정확성을 기하고 시선과 함께 동작을 마무리한다. 이때 유의해야 할 것은 시선의 방향이다. 상대방의 얼굴에서 가리키는 방향, 다시 상대방의 얼굴로 시선을 옮기는 '삼점법'에 유의하며 시선과 표정, 손의 움직임 등이 친절하고 절도있게 동시에 움직이도록 한다.

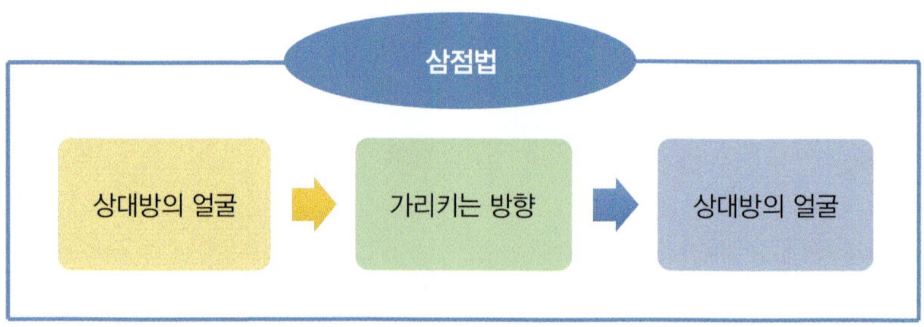

물건을 주고 받을 때의 자세

일상생활을 비롯하여 서비스 업무 시, 고객에게 서비스 물품을 제공할 때 올바른 자세를 취하는 것은 중요하다.

물건을 주고 받을 때도 표정은 밝고 부드럽게 한다. 물건은 가슴과 허리선 사이에서 잡고 이동해야 하며 전달할 때도 마찬가지이다. 서류와 같은 문서 종류는 전달받는 상대가 읽을 수 있는 방향으로 전달한다. 칼이나 가위와 같은 날카로운 물건은 손잡이를 상대가 잡을 수 있도록 전달한다. 물건을 전달할 때는 공손하게 두 손으로 전달해야 하고, 물건이 너무 작은 경우에는 한 손을 받쳐서 전달하면 공손한 느낌을 줄 수 있다. 물건을 전달한 후에는 가볍게 목례를 하고 한두 걸음 뒷걸음하여 되돌아온다. 바닥에 떨어진 물건을 주울 때는 허리를 굽히는 것이 아니라 다리를 굽혀 앉은 자세에서 주워 올리는 것이 좋다.

〈 가벼운 물건 전달 시 〉

〈 무거운 물건 전달 시 〉

제4절 목소리(Voice) 이미지 관리

첫인상을 결정짓는 중요한 요소로 시각적 요소 이외에도 청각적 요소도 매우 중요한 역할을 한다. 목소리는 타고나는 것이지만 노력과 훈련으로 목소리의 분위기는 변화시킬 수 있다. 목소리는 다양한 특색이 있고 그 사람의 성격이나 인격, 직업, 지적 수준까지 느낄 수 있다. 품격있는 목소리는 개인의 이미지를 결정하는 데 외모보다 중요한 역할을 할 수도 있다. 이상적인 목소리는 부드럽고 톤과 음량이 좋으며 적절한 속도를 가진 목소리이고 더불어 자신감 있는 목소리와 정확한 발음으로 바른 언어표현을 사용한다면 긍정적인 음성 이미지를 연출할 수 있다.

호감 가는 목소리는 톤이 낮으면서도 떨림이 없고 자연스러우면서도 발음이 분명하다. 밝고 맑고 친절하며 친근감이 있고 안정감 있는 목소리가 매력적인 목소리이다. 상황이나 장소, 감정에 따라 표현을 적절하게 할 수 있어야 하고 자신있고 당당하게 표현한다. 그러나 무기력하거나, 콧소리가 나거나 퉁명스러운 목소리는 듣기에 편하지 않다. 불안하고 침착하지 못하고 어둡고 차갑고 단조로운 목소리도 자신을 긍정적으로 표현하기에는 적합하지 않다.

듣기 좋은 목소리를 가지기 위해 연습을 할 때는 롤모델을 선정하여 벤치마킹하는 방법도 좋다. 아나운서나 성우의 자세와 목소리를 흉내 내는 것으로 시작하여 자신의 음색과 음역대를 찾아갈 수 있다. 매일 일정량의 책이나 신문을 소리 내어 읽는 연습을 하고, 녹음 후 들어보며 자신의 목소리 장단점을 파악하여 보완해 나간다.

좋은 목소리는 꾸준한 훈련이 필요한데 그 기본은 바른 자세와 복식호흡에서 시작된다. 복식호흡을 하게 되면 안정적인 목소리를 형성하고 성대의 긴장을 줄여준다. 또한 공명이 많은 소리를 내서 목소리를 매력적으로 만들어주고 복식호흡으로 호흡량이 많아지면 말의 속도를 조절하는 것이 가능해지고 더욱 여유있게 말할 수 있게 된다.

복식호흡은 흉식호흡과 달리 가슴이 아닌 배에 중심을 두고 깊게 호흡하는 방법이다. 복식호흡을 하면 폐활량을 늘릴 수 있어서 오랫동안 말을 해도 힘이 덜 든다. 처음에는 복식호흡이 어렵지만 반복적인 연습을 통해 자유롭게 할 수 있다.

복식호흡을 하기 위해서는 등을 곧게 펴서 소리가 꺾이지 않도록 바른 자세를 취한 후 배 위에 손을 올린다. 코로 숨을 천천히 깊게 복부 깊이까지 들이마시고 복부를 팽창시킨다. 4초 동안 숨을 들이마시고, 4초 동안 멈추고, 4초 동안 숨을 내쉰다. 숨을 내쉴 때는 후~ 하는 소리와 함께 복부를 수축시킨다. 이 동작을 반복하면서 복식호흡을 익힌다.

복식호흡으로 '아~' 소리를 길게 숨이 다할 때까지 내는데 각기 다른 음역대에서 소리를 내본다. 다양한 음역대 중 가장 편안하고 가장 길게 소리를 낼 수 있는 자신만의 음역대를 찾는다. 또는 복식호흡을 하면서 숨을 내쉴 때 소리를 내는데, 이어서 내는 것이 아니라 스타카토 방식으로 짧게 끊어서 소리를 낸다. 소리를 낼 때마다 복부도 동시에 움직이도록 해본다.

복식호흡 하면서 다음 소리를 내어 보며 연습한다.

- 아. 에. 이. 오. 우.
- 하. 히. 후. 헤. 호.

같은 내용이라도 안정된 발성을 기본으로 정확한 발음을 해야 의사전달이 명확해지고 신뢰도가 상승한다. 입 주변과 입술, 혀를 움직여 근육을 이완시켜 준다. 말을 할 때는 입술 모양을 정확하게 만들어 준다. 정확한 발음이 어려운 경우 볼펜이나 연필을 입에 물고 정확하게 소리내어 글을 읽는 연습을 해본다. 읽기 어려운 발음으로 구성된 문장들을 적어 놓고 소리내어 정확하게 읽어 내려가는 연습을 하는 것도 좋은 방법이다. 자신의 소리를 녹음하여 재생해보면 자신의 목소리와 어떤 발음이 잘 되고 잘 되지 않는지 파악하기 쉽다.

말을 할 때 알맞은 속도를 유지하며 내용과 상황에 따라 속도를 빠르거나 느리게 조절하고 목소리의 크기와 높낮이를 조절하여 더욱 듣기 좋은 음성으로 표현할 수 있다. 다음의 문장들을 소리내어 정확하게 읽어보며 연습해 본다.

- 저기 저 뜬 콩깍지는 깐 콩깍지인가 안 깐 콩깍지인가?
- 서울특별시 특허 허가국 특허 허가과 허가과장 허 과장
- 저기 저 말뚝은 말 맬 만한 말뚝인가 말 못 맬 만한 말뚝인가
- 저기 계신 저 분이 박 법학박사이시고, 여기 계신 이 분이 백 법학박사이시다.

좋은 목소리를 가지고 유지하기 위해서는 지속적인 발성과 발음 훈련이 필요하다. 더불어 수분을 충분히 공급해주기 위해 평소에 물을 많이 마신다. 바른 자세를 유지한 상태에서 말을 하고 음주, 흡연, 카페인 섭취 등은 성대를 건조하게 만드니 가급적 피한다.

03
Chapter

용모 복장 이미지 관리

용모 복장은 첫인상을 결정하는 중요한 요소 중 하나이다. 용모는 얼굴을 의미하고 겉으로 드러나는 전체적인 모습을 의미하기도 한다. 용모에 대한 관심은 남녀노소 불문하고 시대를 초월한 관심사이고 상대가 바라볼 때 가장 먼저 보는 곳이 얼굴이므로 용모 관리는 매우 중요하다. 용모가 중요하다고 해서 얼굴의 생김새 자체가 중요한 것은 아니며 청결함, 단정함, 표정, 메이크업, 헤어스타일 등이 복합적으로 어우러진 이미지를 의미한다.

용모와 복장은 T(Time), P(Place), O(Occasion)에 적합하도록 관리해야 한다. T.P.O.는 시간, 장소, 상황(경우)을 고려하여 조절해야 하는 것을 의미한다. 개성 연출에 집중하여 너무 튀지 않도록 하는 것이 좋다. 자신의 이미지 연출은 물론 소속되어 있는 조직이나 기업의 이미지도 표현될 수 있기 때문이다. 용모와 복장을 연출할 때는 자신이 속한 기업 · 조직과 어울려야 하고, 자신의 직업 · 직무와 어울리는 이미지를 전달하는 것이 바람직하다. 용모 복장은 개인의 관심과 노력으로 개선되어질 수 있고 용모 복장을 관리한다는 것은 사회생활의 중요한 경쟁력이 된다.

용모 복장의 관리의 가장 기본은 위생과 청결이다. 특히 서비스맨은 더

웃 단정한 이미지를 전달할 수 있어야 하고 전반적인 이미지 연출이 조화를 이루도록 해야 한다. 용모 복장 관리가 잘 조화를 이룬다면 자신의 기분전환은 물론 직장의 분위기도 좋아지고 업무 능률도 향상되는 효과도 있다.

제1절 메이크업 연출

사회생활을 하는 성인들과 서비스맨들에게 메이크업은 필수적이다. 특히 서비스맨들의 메이크업은 개성연출이나 화려함을 표현하는 것이 아닌 밝고 건강하고 단정한 이미지 그리고 전문적인 이미지를 연출하기 위해 필수적이다. 서비스맨으로서 과하게 진한 화장은 피해야 하며 생기없는 민낯도 피해야 한다. 과도한 펄과 어두운 분위기의 스모키 화장은 피하는 것이 좋으며, 색조는 전체적으로 어울리는 것으로 선택한다. 메이크업은 나의 이미지를 업(up) 시켜줄 수 있는 도구를 활용해야 하며 단정하고 세련된 메이크업으로 이미지를 긍정적으로 만든다. 요즘은 여성들뿐만 아니라 남성들도 메이크업을 하는 경우가 많고 관심도 상당하다. 다양한 매체를 통해 메이크업 방법을 학습할 수 있는 기회가 많아졌으나 일하는 장소와 직무, 목적에 어울리도록 메이크업을 하고, 유니폼을 비롯한 본인의 복장과 잘 어울리는 메이크업으로 세련되고 단정하게 보이도록 한다.

서비스 업무를 해야 하거나 면접을 위한 메이크업을 할 때는 밝고 자연스러우면서도 이목구비가 선명하고 또렷하게 보이도록 연출하는 것이 좋다. 과한 색조는 피하고 전체적으로 내추럴한 색상을 선택한다. 특히 볼터치(블러셔)는 피하는 것이 좋고 창백한 피부의 경우에는 살짝 스치듯 하는 것이 좋다.

청결하고 단정한 메이크업을 위해서 평소 피부관리를 통한 좋은 피부를 유지하는 것이 중요하다. 메이크업을 지우는 클렌징에 신경을 쓰고 자신의 피부타입에 알맞은 피부 관리와 화장품을 사용한다. 메이크업은 그림과 같은 순서로 진행하면 된다.

[그림 3-1] 화장품 바르는 순서

메이크업 방법

기초 화장이 잘 되어야 색조 화장이 자연스럽게 잘 어우러지게 된다. 피부를 청결하게 해주고 정돈시켜 주는 스킨과 로션을 사용하고, 영양과 보습을 공급해주는 크림을 사용한다. 항공객실승무원의 경우 매우 건조한 기내에서 서비스를 수행해야 하므로 수분 공급을 충분히 해준다. 기초 화장품을 바를 때 한 번에 많은 양을 바르면 이후 화장이 밀려서 오히려 안 좋으니 적은 양을 여러 번 사용하여 피부에 충분히 흡수시켜 주는 것이 좋다. 자외선차단제는 잊지 말고 사용한다.

화장을 하면 대부분 하루 종일 유지해야 하는 경우가 많고, 항공객실승무원의 경우는 10~20시간 정도 유지해야 하는 경우도 많기 때문에 화장을 오래 지속시킬 필요가 있다. 이럴 경우 메이크업 베이스(Make-up Base)를 사용하면 효과가 있다. 또한 피부톤을 중화시켜 주는 역할을 하므로 유용하게 사용할 수 있다. 창백한 피부인 경우 핑크색의 메이크업 베이스를 사용하고, 붉은 피부는 그린색, 노란 피부는 보라색, 어두운 피부는 흰색을 사용하면 좋다.

기초 화장 이후 파운데이션(Foundation)을 사용한다. 쿠션 팩트 제품은 편리하게 사용할 수는 있지만 지속력이 파운데이션에 비해 부족하다. 파운데이션을 선택할 때는 자신의 피부 타입에 맞는 것으로 하고 얼굴과 목에 경계가 생기지 않도록 잘 펴 바른다. 계절에 따라 다른 타입의 파운데이션을 사용하는 것도 좋다. 여름철에는 피부톤이 가장 옅을 때인 겨울철보다 약간 어두운 계열의 제품을 쓰면 자연스럽고, 건조한 겨울철에는 수분이 많이 함유된 제품을 사용하는 것이 좋다.

파운데이션 이후 소량의 파우더(Powder)를 사용하여 파운데이션의 유분기를 제거해준다. 과도하게 사용하면 피부가 건조해 보이고 피부표현이 두꺼워져서 오히려 부자연스럽지만, 파우더는 메이크업을 오래 지속시켜주는 역할을 하므로 유용하다.

눈썹 메이크업은 이미지를 결정하는 중요한 부분이다. 눈썹은 모양과 색상에 따라 이미지가 달라진다. 자신의 얼굴형에 어울리는 눈썹 모양을 찾아야 한다. 일자눈썹인 경우 인상이 강해 보이고 고집이 세 보일 수 있으며, 눈썹 산의 모양이 너무 각이 지면 다소 차가운 인상으로 보일 수 있다. 눈썹의 두께가 너무 얇으면 나이가 들어보일 수 있고, 너무 두꺼우면 답답해 보인다. 눈썹의 길이가 너무 길어도 나이가 들어 보일 수 있으므로 길이 조절을 할 필요가 있다. 눈썹은 자주 정리하여 깔끔하게 보이도록 하고 눈썹 그리는 펜으로 너무 진하게 그리는 것보다 붓과 펜을 적절히 사용하여 자연스럽게 눈썹의 결을 살리면 전체적으로 자연스러운 느낌이 된다.

아이라이너(Eye Liner)는 눈의 이미지를 선명하게 해준다. 자연스럽게 얇게 그리는 것이 좋고, 눈 아래 부분에는 하지 않는다. 마스카라(Mascara)는 속눈썹을 선명하고 풍성하게 만들고 여성미를 강조해준다. 사용 전 뷰러를 이용해 속눈썹을 올려주고 마스카라를 뭉치지 않도록 발라준다. 브라운 계열의 마스카라를 사용하여 인상을 부드럽게 만들어 줄 수 있다.

립스틱(Lipstick)은 깔끔하게 표현해야 하고 자신의 피부색, 치아색, 그날의 의상과 어울리는 것으로 선택한다. 마스크를 착용한다고 립스틱을 생략하는 일은 없도록 한다. 립스틱을 생략했다가 갑자기 마스크를 벗어야 하는 상황이 올 수도 있다.

볼터치(Blush)는 생동감 있고 화사한 분위기 연출을 위해 사용하는데 경계선이 보이지 않도록 잘 펴바른다. 얼굴이 창백해 보이는 경우 볼 중간에 핑크 또는 오렌지 계열로 살짝 터치해 준다. 사각턱이 나와 보이거나 광대가 나와 보이는 경우는 얼굴 옆쪽에 어두운 계열의 셰딩을 해준다. 사각턱이 나온 경우는 귀 옆에서 얼굴 안쪽으로, 광대뼈가 나온 경우는 관자놀이 부분에서 얼굴 앞쪽으로 브러싱 해준다. 붓을 이용할 때 화장품을 묻힌 다음 붓을 가볍게 털어서 자연스럽게 연출한다.

손 · 발 관리

얼굴 메이크업뿐만 아니라 손과 발의 관리도 중요하다. 서비스맨들은 서비스 물품 제공이나 음식을 서비스하면서 고객들에게 손을 보이는 경우가 다반사이므로 더욱 세심한 관리가 필요하다. 너무 긴 손톱이나 과도한 아이템을 손톱에 부착한 네일아트는 업무에 지장을 줄 수 있다. 슬링백 구두를 신거나 슬리퍼형 신발을 신었을 때 발뒤꿈치가 보이므로 청결하게 관리하고 평소 각질관리를 잘 해야 한다.

향기 이미지 관리

향기가 진한 화장품이나 향수 사용은 지양하는 것이 좋다. 특히 음식물을 취급하는 서비스맨의 경우는 더욱 유의해야 한다. 다양한 국적의 승객들이 탑승하는 비행기 안에서 근무하는 항공객실승무원의 경우 향수는 필수 아이템이다. 한정된 공간에서 장시간 비행을 해야 하므로 서로의 체취를 중화시키기 위해 소량의 향수를 주기적으로 뿌려준다.

향수는 손목이나 팔꿈치, 귀 뒤 등 체온이 높고 맥박이 뛰는 곳에 사용한다. 피부가 예민하다면 자켓 아래쪽, 스커트 단 등 옷 아래쪽의 움직이는 부분에 스프레이 하여 은은하게 향이 퍼지도록 한다. 그러나 옅은 색의 옷에 스프레이 하면 이염될 수 있으므로 주의한다. 지성피부는 단순한 향을 사용하고, 건성피부는 향이 오래 남아있지 않아 자주 뿌려주어야 한다. 식사 전에는 향수를 사용하지 않는 것이 식사의 맛과 향에 방해가 되지 않는다.

향수를 선택할 때는 자신의 체취와 어울리는 향을 선택해야 하고 과도하게 사용하면 주변인을 불쾌하게 만들 수 있다는 점을 유의해야 한다. 향수의 종류와 타입은 매우 다양하기 때문에 특성과 사용법을 파악하여 선택한다.

여러 종류 중 가장 많이 사용하는 것이 '오드트왈렛(Eau de Toilette)'이다. 화장수라는 의미이며 향료가 6~8% 함유되어 있고 향의 지속 시간은 3~4시간 정도이다. 주로 스프레이 타입으로 되어있다. 향료 원액이 15~25% 정도로 가장 많이 함유된 것이 '퍼퓸(Perfume)'이며 12시간 정도 지속된다.

향수 중 가장 원액의 함량이 적은 것은 '샤워코롱(Shower Colonge)'으로 샤워 후에 가볍게 사용하는 제품이다. 퍼퓸과 오드트왈렛의 중간 형태는 '오드퍼퓸(Eau de Perfume)'이고 샤워코롱과 오드트왈렛의 중간 형태는 '오드코롱(Eau de Colonge)'이다.

제2절 헤어스타일 연출

서비스맨의 헤어는 청결하고 단정함이 우선되어야 한다. 얼굴형과 체형, 그리고 의상과 조화를 이루도록 한다. 헤어스타일도 역시 T.P.O.에 맞도록 추구하는 것이 바람직하며, 서비스맨이나 면접에 임할 때는 더욱 단정하고 깔끔한 헤어스타일을 하는 것이 긍정적인 이미지를 연출하는 방법이다. 요란한 펌이나 과도한 염색은 유의하고 헤어제품을 이용해 단정하고 정돈되어 보이도록 한다.

남성의 경우, 단정한 헤어스타일을 연출하기 위해서는 뒷 머리카락이 셔츠 깃에 닿지 않도록 하고 이마와 귀를 드러내는 것이 좋다. 이마를 드러내는 것은 자신감 있는 모습으로 표현되며 상대에게 신뢰감을 전달한다.

여성의 경우 단정한 헤어스타일을 연출하기 위해서 긴 머리의 경우 묶어서 정리하는 것이 좋다. 귀를 드러내어 머리가 흘러내리지 않도록 유지하는 것이 효과적이며 화려한 장식은 피한다. 단발이나 커트의 짧은 헤어스타일의 경우도 단정한 이미지를 연출하고 싶다면 귀와 이마를 드러내는 것이 좋다. 머리카락이 쓸려 내려오지 않도록 헤어핀을 사용하거나 헤어 제품을 이용하여 고정한다. 앞머리를 내린 경우에는 눈썹 아래로 길게 내려와 눈을 가리지 않도록 한다.

업 스타일 연출하기

항공사 승무원을 비롯하여 호텔리어 등 대표적인 서비스인들의 헤어는 매우 단정하다. 서비스를 수행할 때 방해가 되지 않도록 해야 하고, 머리쪽으로 손이 가지 않도록 단정히 하는 것이 바람직하다. 또한 음식물을 다루는 경우 더더욱 헤어를 단정히 묶고 고정하는 것이 좋다. 여성들의 경우 헤어망을 이용하여 올림머리를 하는 경우가 가장 대표적인데 다음과 같은 순서대로 헤어를 연출해보도록 한다.

① 헤어스프레이, 꼬리빗, 머리끈, 실핀, U핀, 헤어망, 집게핀 등의 헤어 용품을 준비한다.

② 헤어를 청결히 하고 곱게 빗는다.

③ 올백 스타일, 왼쪽이나 오른쪽 가르마 중 본인에게 어울리는 스타일을 선택한다. 앞머리에 볼륨을 더하고 싶다면 앞쪽 머리를 따로 분리해둔다.

④ 앞머리를 제외하고 나머지 뒷부분 헤어를 묶어준다. 이때 묶는 위치는 귀 윗부분 정도 선에서 단단히 묶어 주어야 올림 머리를 완성했을 때 산뜻한 느낌을 줄 수 있으며, 단단히 묶어 주어야 번 스타일이 깔끔하게 완성된다.

⑤ 앞머리의 뒷 부분부터 백콤을 넣어주어 볼륨을 살려준다.

⑥ 이마쪽의 헤어는 백콤을 주지 말고 백콤한 헤어를 잘 정리하여 덮어 주어 가려주도록 한다.

⑦-1 미리 묶어둔 뒷머리와 앞쪽머리를 고운빗으로 조심스럽게 빗어서 모아준 후 다시 한번 단단히 묶어준다.

⑦-2 헤어스프레이를 이용하여 헤어 전체에 뿌려주고 꼬리빗의 꼬리 부분을 이용하여 헤어를 단정하게 눌러주고 최대한 잔머리가 없도록 한다.

⑧ 헤어스프레이가 어느 정도 마른 후에 묶은 머리에 얇은 헤어망을 돌려 씌워준다.

⑨ 헤어망을 씌운 헤어를 자연스럽게 돌려주며 번 스타일을 만들어 준다. 이때 헤어가 여러 층이 되면 모양이 좋지 않으므로 손으로 만져가며 모양을 만들어 준다. 야구공 정도의 크기가 적당하다.

⑩ 헤어 번의 주변에 U핀을 이용하여 고정해 주면 완성된다.

⑪ 양쪽 귀 뒤쪽에 실핀을 꽂아주면 서비스 중에도 머리가 잘 흘러내리지 않는다. 과하게 핀을 부착하는 것은 단정함을 감소시킬 수 있으니 자제하는 것이 좋다.

① 헤어 용품 준비

② 헤어 정리

③ 볼륨을 위한 앞머리 분리

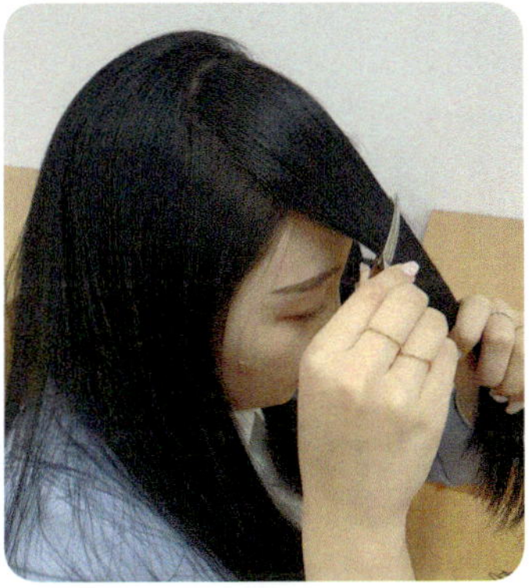

④ 뒷머리 묶기

⑤ 백콤으로 볼륨 만들기

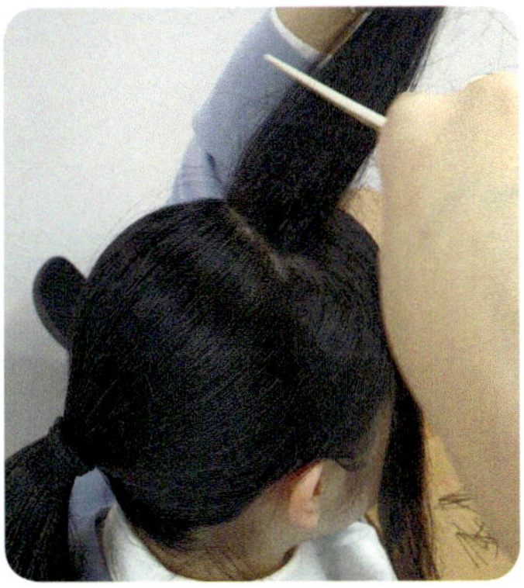

⑥ 볼륨 부분 정리하기

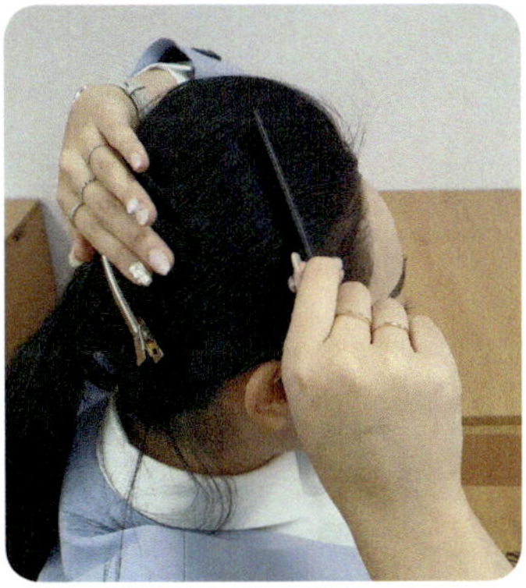

⑦ 앞머리와 뒷머리 함께 묶고 정리

⑧ 헤어망 씌우기

⑨ 묶은 머리를 번 모양으로 만들기

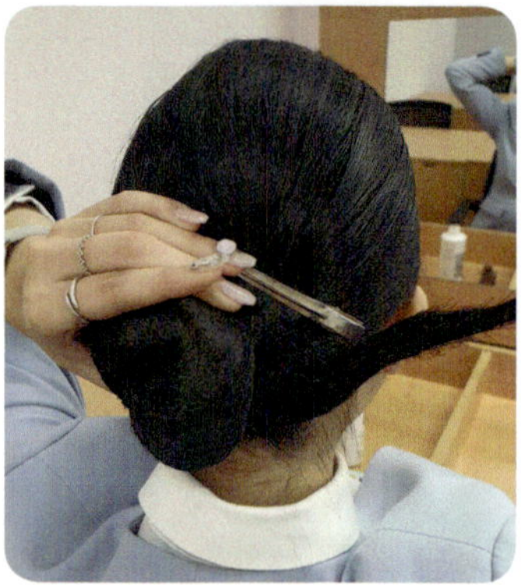

⑩ U핀으로 고정 후 완성

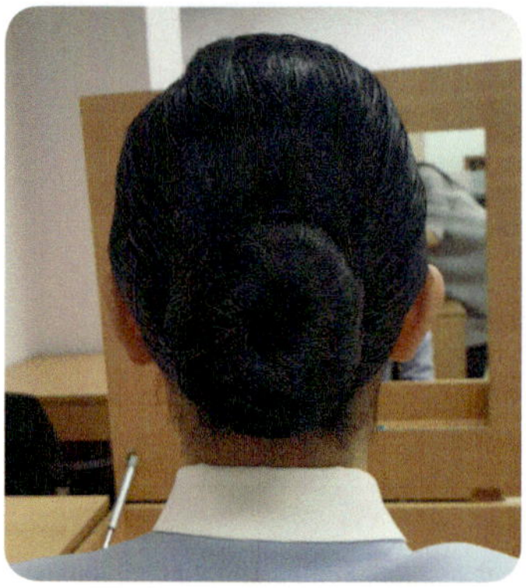

제3절 복장 이미지

복장은 자신의 개성과 매력을 표현할 뿐만 아니라, 지위, 소속, 가치관, 직업의식을 나타내는 역할을 하고 자신의 마음가짐을 외적으로 표현하는 수단이다. 격식, 상황, 목적과 용도에 적합하도록 연출하는 것이 필요하다.

자신의 개성 연출도 중요하지만 주변 환경과의 조화를 고려하는 것이 중요하다. 서비스맨과 비즈니스맨들에게는 정장 또는 유니폼이 기본이므로 정장에 대해 살펴보고 유니폼 관리 방법에 대해 확인해보도록 한다.

여성 복장 관리

여성 정장의 기본 구성은 재킷, 스커트(바지), 블라우스(셔츠)이며, 원피스 형태도 있다.

재킷은 단순한 디자인과 화려하지 않은 베이직한 색상을 선택하면 다양한 연출이 가능하여 실용적으로 활용할 수 있다. 복장을 착용할 때는 옷이 오염되지 않았는지, 실밥이 나와 있는지, 단추가 떨어졌는지 그리고 다림질 상태도 미리 확인한다. 지나치게 유행을 따르는 스타일과 장식이 과한 것은 피한다. 업무 시 착용할 복장이므로 움직임이 편하도록 알맞은 사이즈를 입는다. 재킷의 형태가 단정하게 유지될 수 있도록 주머니에는 소지품을 넣어 불룩하게 만들지 않는다.

스커트를 착용할 때는 지나치게 짧거나 긴 것은 피한다. 일반적으로 정장에는 무릎 길이가 적당하며 스커트와 바지 모두 지나치게 몸매가 드러나는 것은 바람직하지 않다.

구김이 없도록 다림질 상태를 확인하고 오염되지 않았는지 단추가 떨어진 곳은 없는지 미리 확인한다. 지나치게 과한 디자인의 블라우스는 피하고 재킷이 어두운 색이라면 밝은 색을 착용하는 것도 어울린다. 얇은 소재의 옷이라면 블라우스와 같은 색상 계열의 속옷을 갖춰 입어 단정한 느낌을 주도록 한다.

〈 재킷 & 스커트 〉

〈 원피스 〉

스타킹은 옷, 구두와 어울리는 색상으로 착용한다. 올이 나가지 않았는지 수시로 확인하고 발목 부분에 주름이 생기지 않도록 한다. 외출 시에는 만약을 위해 여분의 스타킹을 준비한다. 정장 착용 시 여름에도 공식 석상에서는 스타킹을 착용하고 구두는 정장과 어울리는 색상의 정장용 구두를 신는다. 구두는 항상 청결하게 잘 닦아서 관리하고 구두 굽이 닳으면 바로 교체한다. 일반적으로 짙은 색상의 구두를 신는 것이 무난하고 정장의 색상에 따라 베이지 계열의 밝은 색상의 구두를 신기도 한다. 정장용 구두는 굽이 있는 형태여야 하며 전혀 굽이 없는 플랫슈즈 형태는 정장 구두로 적합하지 않다. 구두 굽은 너무 높아도 불편할 수 있으므로 자신에게 맞는 적절한 굽의 높이와 형태를 선택한다.

액세서리는 장식이 과하지 않고 나이와 신분에 적합한 것으로 착용한다. 귀걸이는 업무 시 귀에 붙는 단정한 스타일로 착용하고 반지는 크지 않은 것으로 2개 정도까지 착용한다. 목걸이는 유니폼을 착용했을 때 유니폼 밖으로 보이지 않도록 하는 것이 좋다. 팔찌 착용은 서비스 업무에 적합하지 않으며 시계는 업무를 용이하게 하기 위해 착용한다. 그 외 많은 액세서리 중 스카프는 다양하게 분위기를 연출할 수 있는 액세서리 중 하나이다. 단순하고 어두운 분위기의 복장을 화사한 디자인의 스카프로 밝은 분위기를 연출할 수도 있고, 묶는 방법도 다양하다.

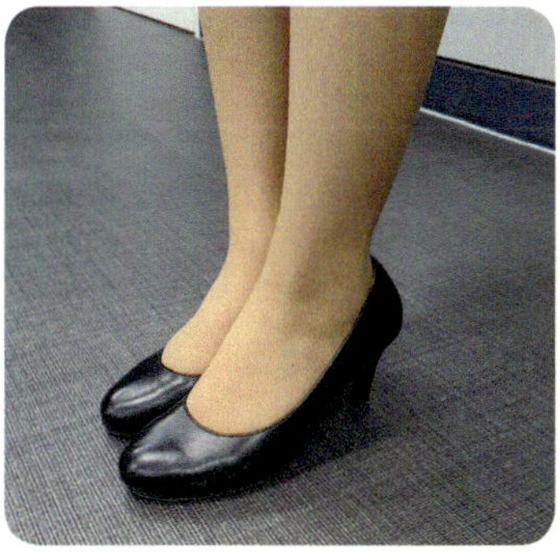

〈 구두 〉

〈 액세서리 〉

남성 복장 관리

남성 정장은 쉽고 단순하다고 생각하기 쉽지만, 조금만 신경쓰면 세련되고 멋진 정장 차림을 할 수 있다. 직장 남성의 경우 정장은 비즈니스맨의 품격과 매너를 상징하는 것이므로 중요하다. 슈트(suit)는 같은 소재와 색상으로 이루어진 상하의 한 벌을 말하며, 공식 석상에는 상하 한 벌을 착용한다. 키가 작은 체형은 밝은 색상과 줄무늬 패턴이 잘 어울리고 뚱뚱한 체형은 큰 체크무늬는 피하는 것이 좋다. 자신의 체형에 어울리는 색상과 옷감을 선택하여 세련되고 멋스럽게 연출한다.

남성 정장은 크게 아메리칸 스타일, 브리티시 스타일, 유러피언 스타일로 구분할 수 있다. 아메리칸 스타일은 유행을 따르지 않는 가장 보편적이며 보수적인 스타일이다. 직선적이고 상의는 단추가 2개 또는 3개의 싱글 형태이고 바지는 중앙 주름 이외 장식이 없다. 가장 실용적이며 활동성에 주안점을 두었다. 유행에 따라 소매의 폭, 허리 부분, 바지 통이 변화하지만 짧은 센터 벤터가 특징이다.

브리티시 스타일은 귀족적이고 중후한 복장으로 가장 클래식한 슈트이며 영국의 전통적인 스타일이다. 벤트는 센터나 사이드에 있으며 바지 허리에 주름이 들어가고 바지 밑단은 접어서 꺾은 형태이다. 자연스러운 선을 강조하고 어깨에 패드를 넣지 않거나 얇은 패드를 넣어서 어깨부분에 각이 지도록 되어 있다.

유러피언 스타일은 유행에 민감하고 실루엣을 강조한 패셔너블한 슈트이다. 벤트가 없는 것이 특징이고 바지도 폭이 좁아 몸에 붙는 느낌이 나서 마른 체형에 어울린다.

남성 정장은 재킷, 바지, 드레스 셔츠로 구성되어 있다. 남성 재킷의 길이는 엉덩이의 굴곡을 가릴 만큼의 길이가 적당하다. 착용했을 때 어깨 부분에 가로나 세로 주름이 생기지 않아야 한다. 재킷 뒤쪽 깃 부분에 드레스 셔츠가 1~1.5cm 정도 보이는 것이 좋고, 소매길이는 손과 손목의 경계에서 1~2cm 정도 내려오면 적당하다. 재킷의 단추는 평소에 잠그는 것이 단정하고 정돈되어 보인다. 가장 위의 단추를 잠그고 맨 아래 단추는 잠그지 않아도 무방하다. 의자에 앉을 때는 단추를 풀고 앉고 다시 일어설 때는 단추를 잠근다. 재킷을 탈의하고 일을 하고 있는 중에라도 상급자나 고객 앞에서는 재킷을 착용하는 것이 예의이다. 상의 주머니에 소지품을 넣어 불룩하게 나오지 않도록 유의한다.

바지선은 잘 다려서 구김이 생기지 않도록 하고, 바지 밑단이 뜯어져 있는지 확인하고 무릎이 나와 있는 바지는 착용하지 않는다. 유행에 지나치게 민감하여 통이 너무 좁거나 바지 길이가 짧은 것은 공식 석상에서 적절하지 않다. 바지 길이는 밑단 앞쪽이 구두에 가볍게 닿고 뒤쪽은 굽이 약간 보일 정도로 양말이 보이지 않도록 하는 것이 적당하다. 바지 주머니에도 소지품을 넣어 불룩하게 하지 말고 바지선이 곧게 뻗도록 한다.

일반적으로 와이셔츠라고 알고 있는 남성 정장의 셔츠 정식명칭은 드레스 셔츠이다. 주로 흰색이나 밝고 옅은 색상을 선택한다. 구김이 없도록 다림질 상태를 확인하고 단추가 떨어진 곳은 없는지 오염이 된 곳은 없는지 확인 후 착용한다.

땀 흡수가 잘되는 면 소재가 적당하며 단추는 목 부분까지 모두 채운다. 소매길이는 재킷 소매 밖으로 1~1.5cm 정도 나오는 것이 적당하며 셔츠 칼라는 재킷 깃보다 1~1.5cm 정도 올라오는 것이 좋다. 셔츠는 바지 밖으로 나오지 않도록 한다. 셔츠 구입 시 셔츠의 색상뿐만 아니라 목둘레와 목 칼라의 디자인을 고려하여 선택한다. 셔츠 칼라에 따라 다양한 연출을 할 수 있다. 셔츠 칼라는 가장 일반적인 형태의 레귤러 칼라(Regular Collar)를 비롯하여 칼라의 사이가 좀 넓은 윈저 칼라(Winsor Collar or Half Wide Collar), 윈저 칼라보다 칼라의 사이가 더 넓어진 와이드 칼라(Wide Spread Collar)가 있다. 넥타이를 착용했을 때 넥타이를 고정하기 위한 장치가 있는 버튼 다운 칼라(Button-Down Collar), 탭 칼라(Tap Collar), 핀 칼라(Pin Collar)가 있으며 목 부분이 올라와 있는 형태의 차이나 칼라(Chinese Collar)가 있다. 차이나 칼라의 경우 별도의 넥타이를 하지 않는다.

넥타이는 남성 정장에서 사람의 시선이 가장 먼저 머무는 V-zone의 셔츠 칼라, 넥타이의 구성에 따라 다양한 분위기를 연출할 수 있다. 넥타이를 선택할 때는 자켓과 셔츠의 색상, 셔츠의 칼라, 넥타이의 폭 등 다양한 부분을 고려해야 한다.

넥타이는 일반적으로 착용하는 스타일의 포 인 핸드 타이(For in hand tie)가 있으며, 나비넥타이로 불리는 보타이(Bow Tie), 보타이보다 캐주얼한 디자인의 스틱 타이(Stuck tie)가 있다. 그 외에도 스카프 스타일의 에스코트 타이(ascot tie)가 있다.

넥타이는 셔츠 칼라의 디자인과 넥타이의 폭에 따라 다양한 매듭법을 활용할 수 있다. 넥타이의 가장 일반적인 매듭법은 플레인 노트(Plain knot)이며, 윈저 칼라에 어울리는 윈저 노트(Windsor knot), 하프 윈저 노트(Half windsor knot) 매듭법이 있다. 그 외에도 더블 노트(Double knot), 블라인드 폴드 노트(Blind fold knot) 등 다양한 매듭법을 활용하여 스타일에 맞도록 연출할 수 있다.

넥타이를 매었을 때 넥타이의 끝부분이 벨트 버클의 중간 정도 오도록 하는 것이 적당하다. 조끼를 입을 경우에는 조끼 하단으로 넥타이가 나오지 않도록 한다. 넥타이의 매듭은 칼라의 중앙에 오도록 하며 넥타이 매듭의 중간에 주름이 한 개 잡히도록 하면 세련미를 더해 준다.

벨트착용은 반드시 하고 슈트와 어울리는 색상으로 착용한다. 일반적으로 검정색이나 갈색 계열의 가죽 제품이 적당하며 버클은 화려하거나 지나치게 크지 않은 심플한 것으로 선택한다. 서스펜더는 바지를 고정시켜 주어 바지 주름선이 돋보이도록 해준다. 서스펜더를 착용할 때는 벨트 착용 바지보다 허리가 1.5cm 이상 길어야 하고 전체 길이도 길어야 한다. 벨트와 서스펜더를 동시에 사용하는 것은 삼가고, 키가 작거나 뚱뚱한 사람은 피하는 것이 좋다.

정장 착용 시 양말은 실크 소재의 정장용으로 착용하며 흰색 스포츠 양말은 반드시 피한다. 양말의 색상은 검정색과 같은 진한 색이나 구두나 슈트와 같은 계열의 색을 신는다. 양말의 길이는 앉았을 경우 맨살이 보이지 않을 정도로 길어야 한다.

정장용 구두는 스트레이트 팁 슈즈 또는 윙 팁 슈즈와 같이 끈이 있는 가죽 소재의 디자인의 검정색이나 갈색 계열의 색이 일반적이다. 구두와 가방의 색상을 맞추는 것도 좋다. 구두는 항상 청결히 관리하여야 하며 굽이 닳으면 즉시 굽을 교체한다.

남성 정장의 대표적인 액세서리는 타이홀더(Tie Holder)이다. 셔츠 단추 위에서 3번째 정도 위치에서 셔츠와 넥타이를 함께 잡아준다. 옷차림이 정돈되어 보이도록 도와주는 역할을 한다. 커프스 버튼 또는 커프링크스(Cufflinks)는 셔츠 소매 단추부분에 사용되는 장식용 단추이다.

〈 타이홀더 〉

〈 커프링크스 〉

* TIP : 남성 정장의 용어

브이존 (V- Zone)	- 정장 착용 시 상의 단추를 채웠을 때 보이는 셔츠 부분 - 남성 슈트의 유행에 가장 민감한 부분

라펠 (Lapel)	코트나 재킷의 앞몸 판이 깃과 하나로 이어져 접혀진 부분 – 노치드 라펠(Notched Lapel) : 가장 일반적인 라펠모양으로 칼라와 라펠의 경계선이 적당하게 벌어져 있는 단순한 디자인 – 피크드 라펠(Peaked Lapel) : 아래깃이 뾰족하고 크게 위로 올라간 형태로 드레시한 슈트에 많이 사용 – 숄 라펠(Shawl Lapel) : 숄을 걸친 것처럼 보이는 디자인으로 턱시도나 연미복에 많이 이용
버튼홀 (Buttonhole)	– 플라워홀이 정식명칭 – 라펠의 단추구멍으로 버튼의 기능 대신 배지를 다는 장식적인 요소로 사용
벤트 (Vent)	남성정장 재킷의 뒤트임 – 노벤트 : 뒤트임이 없는 것 – 싱글벤트 : 트임이 싱글인 스타일 – 트윈벤트 : 트임이 트윈인 경우, 바지 주머니에 손을 넣을 때 재킷의 스타일에 큰 영향을 주지 않아 편하지만, 엉덩이가 큰 체형은 더욱 커보일 수 있으므로 피하는 것이 좋음

〈 노치드 라펠 〉

〈 피크드 라펠 〉

〈 숄 라펠 〉

〈 노벤트 〉

〈 트윈벤트 & 싱글벤트 〉

여성 용모 복장 점검

메이크업	• 밝고 건강한 모습을 연출할 수 있는 자연스러운 메이크업을 한다. • 직무에 어울리는 메이크업을 연출한다. • 피부케어를 통해 깨끗한 피부를 유지한다. • 눈썹은 본인의 얼굴형에 어울리는 형태로 그리고 너무 진하거나 너무 두껍지 않도록 한다. • 과도한 메이크업이나 향수 사용으로 주변 사람들에게 불쾌감을 주지 않도록 한다.
헤어	• 청결함과 단정함을 유지한다. • 긴 머리카락은 묶거나 올림머리 스타일을 하여 단정하게 연출한다. • 헤어 제품을 이용하여 머리카락이 흩어지지 않도록 한다. • 앞머리로 이마를 가리지 않도록 하고, 앞머리를 내릴 경우에는 눈썹을 가리지 않을 정도의 길이를 유지한다. • 과도한 염색과 펌은 서비스 직무에 적합하지 않다.
정장	• 청결하고 단정하게 연출한다. • 다림질 상태를 확인하고, 실밥이 풀리지 않았는지 확인한다. • 지나치게 체형이 드러나는 타이트한 옷이나 노출이 심한 옷은 삼간다. • 치마의 길이는 무릎 길이가 적당하다. • 투피스, 원피스, 바지 정장 등 상황에 적합한 복장을 선택한다. • 블라우스의 비침이 있는 경우 속옷을 받쳐 입는다.
스타킹	• 공식 석상에서는 여름에도 스타킹을 착용하는 것이 맞다. • 옷, 구두와 조화를 이루는 색상이 적절하다. • 착용 중 손상을 대비하여 여분의 스타킹을 준비한다.
구두	• 의상과 어울리는 색상을 선택한다. 검정색, 갈색, 베이지색 등이 적당하다. • 굽이 지나치게 높거나 굽이 없는 구두는 적절하지 않다. • 뒤축이 없는 슬리퍼 형태의 신발은 업무 수행 중 적절하지 않다.
액세서리	• 지나치게 크고 화려한 액세서리는 피한다. • 과도한 수의 액세서리는 피한다. • 브로치는 가슴선보다 위쪽에 어깨와 가깝게 달면 자연스럽고 단정해 보인다. • 가방은 의상과 어울리는 정장용으로 착용한다.
네일	• 네일은 깨끗하고 단정하게 관리한다. • 과도한 네일 아트는 피하는 것이 좋다.

남성 용모 복장 점검

얼굴	• 스킨케어를 통해 깨끗한 피부를 유지한다. • 수염은 기르지 않고 매일 깨끗이 면도한다. • 면도한 부위가 건조하지 않도록 케어한다. • 코털이 자라 코 밖으로 보이지 않도록 한다. • 입술이 트지 않도록 립밤을 사용하여 관리한다. • 식사 후에는 입 냄새가 나지 않도록 양치한다. • 마스크는 청결하게 유지한다.
헤어	• 앞머리가 이마를 가리지 않도록 한다. • 머리카락이 귀를 가리지 않도록 하고, 뒷 머리카락은 셔츠 깃을 덮지 않도록 한다. • 이발을 자주하여 헤어를 단정하게 유지한다. • 헤어제품을 이용하여 머리가 흘러내리지 않도록 고정한다. • 과도한 염색이나 펌은 피한다.
정장	• 가능한 한 자켓과 바지가 같은 소재인 한 벌의 정장이 적절하다. • 너무 크거나 너무 작지 않도록 체형에 맞도록 입는다. • 정장 재킷의 단추는 서 있을 경우 반드시 채우고, 앉을 경우에는 풀어도 된다. • 바지주름은 줄이 잘 서도록 한다. • 다림질 상태를 확인하여 주름이 잡히지 않도록 한다.
드레스셔츠	• 기본은 흰색 셔츠에 긴팔이다. • 청결과 다림질 상태를 확인한다. • 목둘레가 너무 크거나 작지 않은 것을 선택한다.
넥타이	• 정장과 비슷한 계열의 색상의 넥타이가 무난하다. • 드레스 셔츠 칼라의 디자인에 어울리는 매듭법을 활용한다. • 넥타이를 맨 후 넥타이 끝이 벨트 버클 중간 정도까지 오도록 맨다. • 베스트를 입을 경우 베스트 밖으로 넥타이가 나오지 않도록 한다.
양말, 구두	• 양말은 양복색과 같거나 좀 더 짙은 색을 착용한다. • 앉았을 때 바지 아래로 맨살이 나오지 않을 정도의 길이를 선택한다. • 정장용 양말을 착용한다. • 구두는 항상 청결하게 유지하고 잘 닦아서 착용한다. • 정장용 가죽 구두가 적절하다. • 구두는 정장 컬러와 어울리는 검정색, 갈색이 무난하다.
벨트	• 버클이 지나치게 크거나 화려하지 않은 것을 선택한다. • 정장용 가죽 벨트가 적절하다. • 벨트와 서스펜더를 동시에 착용하지 않는다.
액세서리	• 지나치게 과도한 색상과 크기의 액세서리는 착용하지 않는다. • 직무와 잘 어울리는 심플한 디자인을 선택한다.

유니폼 관리

유니폼의 어원은 라틴어의 우누스(unus; 하나의)와 포르마(forma; 형태)에서 생긴 합성어로 일정한 형태나 외양을 가리킨다. 유니폼(uniform)이란 일정한 기준에 의해 정해진 일정 양식의 복장으로 특정 집단에 속해 있는 구성원들을 위해 특별히 고안하여 채택한 독특한 디자인을 가진 제복(制服)을 말한다. 특히 서비스 직무를 수행하는 경우 유니폼을 착용하는 경우가 대부분이며, 서비스 관련 학과 학생들도 유니폼을 착용하고 학교생활을 하고 있다.

유니폼은 집단 구성원들에게 단체정신을 강화시키고 조직 내의 협동심을 고취시킨다. 또한 유니폼은 직원들의 직급, 담당업무 등을 나타내는 지표역할을 한다. 그리고 유니폼은 한 개인을 집단의 구성원으로 증명함으로써 그 집단을 대표하는 역할을 하게 되는 것이다. 유니폼은 이러한 기능을 가지고 있으므로 집단 구성원들에게 소속감을 주고 동시에 책임감을 부여하는 역할을 한다.

유니폼은 개인의 미적인 부분보다는 해당 집단의 상징성을 내포하고 있다. 통일된 유니폼을 착용함으로써 기업에 소속된 일원으로서 책임감과 직업에 대한 자기 위치에 대한 올바른 의식을 가지게 된다. 그러므로 개인의 취향대로 변형하는 것은 적절하지 않으며 기업의 규정에 맞게 착용하는 것이 중요하다.

고객 입장에서 보면, 유니폼을 착용한 직원의 모습을 보고 직원임을 한눈에 파악할 수 있고 고객들의 편의를 위한 수단으로 활용될 수 있다. 그러므로 유니폼은 언제나 단정하게 유지되어야 한다.

유니폼은 늘 청결하고 단정하게 유지되어야 하므로 착용하기 전에 단추가 떨어진 곳은 없는지, 실밥이 터진 곳은 없는지, 오염된 곳은 없는지, 다림질 상태는 잘 되어 있는지 확인해야 한다. 자신의 체형에 맞는 유니폼을 착용해야 하며, 개인 취향에 맞도록 변형해서 입어서는 안 된다. 개인적인 액세서리도 가급적 착용하지 않으며, 귀걸이, 반지 등 착용 시 작고 단순한 것으로써 개수를 제한하는 것이 필요하다. 명찰이나 신분증은 규정에 따라 정위치에 부착하고, 주머니에 물건을 넣어 유니폼 형태가 변형되지 않도록 한다. 소매를 걷어 올리거나 바지를 접어 올리는 것도 좋지 않다. 재킷의 단추는 항상 잠가서 단정하게 보이도록 하고, 스커트는 무릎 정도의 길이가 적당하다. 여성의 경우 블라우스가 비칠 경우 블라우스와 같은 계열 색상의 속옷을 갖추어 입는 것이 좋다.

유니폼 용모 복장 점검하기

거울을 보며 서비스맨으로서 자신의 용모복장 상태가 적절한지 다음 표를 보며 점검해 봅시다.

구분	점검 항목	체크
헤어	청결하고 손질이 잘 되어 있는가?	□
	헤어 용품을 사용하여 헤어가 단정히 정리되어 있는가?	□
	앞머리가 눈을 가리지 않는가?	□
	헤어 액세서리가 과하지 않은가?	□
메이크업	청결하고 건강한 피부상태인가?	□
	밝고 자연스러운 메이크업 상태인가?	□
	(남성) 면도와 코털 관리는 잘 되어 있는가?	□

IMAGE CONSULTING

복장	다림질 상태는 잘 되어 있는가?	□
	치마(바지)의 길이는 적절한가?	□
	치마단(바지단) 처리가 깔끔한가?	□
	단추는 모두 부착되어 있는가?	□
	블라우스(드레스셔츠)의 단추는 모두 채워져 있는가?	□
	재킷의 단추는 채워져 있는가?	□
	블라우스(드레스셔츠) 또는 재킷의 소매를 걷어 올리거나 접지 않았는가?	□
	재킷 주머니에 물건을 넣어 불룩하지 않은가?	□
	스카프(넥타이)는 규정대로 매듭지었는가?	□
	어깨에 비듬이나 머리카락이 붙어있지 않은가?	□
	유니폼 명찰은 지정된 곳에 패용했는가?	□
	출퇴근 복장은 적절한가?	□
스타킹/양말	지정된 스타킹(양말)을 착용하였는가?	□
	손상된 부분은 없는가?	□
	(여성) 여분의 스타킹은 있는가?	□
구두	구두는 지정된 것(또는 정장용)을 착용하였는가?	□
	닦아서 광이 나며 깨끗한가?	□
	뒷굽이 닳지 않았는가?	□
손	손톱은 청결하고 깔끔한가?	□
	과도한 네일케어를 하지 않았는가?	□
	손톱의 길이는 길지 않은가?	□
발	발은 청결하고 깔끔한가?	□
	뒤꿈치가 보이는 구두 착용 시 뒤꿈치 각질 관리는 하였는가?	□

액세서리	귀걸이는 유니폼에 어울리는 작은 사이즈인가?	□
	목걸이가 유니폼 밖으로 보이는가?	□
	반지는 1~2개 정도로 작은 사이즈인가?	□
	시계는 단순한 디자인으로 착용하였는가?	□
	팔찌 또는 브로치 등의 액세서리는 착용하지 않는다.	□

제4절 컬러 이미지

패션은 이미지를 형성하는 데 중요한 요소이고, 컬러는 패션을 좌우하는 데 핵심적인 역할을 한다. 자신의 체형에 잘 어울리는 패션 연출과 함께 자신에게 어울리는 퍼스널 컬러(Personal Color)를 찾아 활용하면 본인의 이미지를 더욱 효과적으로 표현할 수 있다.

독일의 색채학자 요하네스 이텐(Johannes Itten)은 인간의 피부색을 4계절과 연결지어 설명했다. 인간의 타고난 컬러를 '머리카락색, 눈동자색, 피부색'의 3가지로 크게 구분하였다. 이러한 색을 기본으로 하여 자신에게 어울리는 봄, 여름, 가을, 겨울의 4계절 컬러가 결정되고 봄과 가을의 warm 톤과 여름과 겨울의 cool 톤으로 구분하였다. 본인의 퍼스널 컬러를 진단하기 위해서는 햇빛이 비치는 자연광 상태에서 화장을 하지 않은 맨얼굴 상태로 다양한 컬러의 천을 얼굴 바로 아래 대어 피부색의 느낌을 관찰하여 평가, 분석한다.

자신에게 어울리는 색의 경우 얼굴 혈색이 좋아 보이며 피부톤이 정리되고 깨끗해 보이며 화사해 보인다. 얼굴의 잡티와 주름살 등의 단점이 눈에 덜 띄게 된다. 그 컬러가 바로 자신의 퍼스널 컬러가 되는 것이다. 반면 어울리지 않는 색의 경우 얼굴색이 칙칙해 보이고 단점이 더욱 두드러져 보인다. 잡티가 짙어 보이고 피곤해 보일 수 있다. 인상이 강하고 나이들어 보인다. 자신에게 가장 잘 어울리는 퍼스널 컬러를 활용하여 호감가는 이미지를 연출하는 데 활용할 수 있다.

웜톤과 쿨톤

웜톤	• 봄과 가을이 해당된다. • 따뜻한 색으로 노란색과 황색이 기본 바탕이다. • 선명한 톤과 짙은 톤이 주를 이루고, 풍요롭고 생동감을 주는 이미지이다. • 대표적인 색상은 레드, 오렌지, 옐로, 옐로 그린, 그린, 올리브 그린, 카키, 피치, 브라운 등이 있다.
쿨톤	• 여름과 겨울이 해당된다. • 차가운 계열의 색으로 푸른색, 흰색, 검은색이 기본 바탕이다. • 흰빛을 가진 부드러운 톤과 짙고 선명한 톤이 정적이면서도 모던한 이미지와 깨끗하고 부드러운 이미지를 전달한다. • 대표적인 색으로 블루, 바이올렛, 마젠타, 핑크, 와인, 레드, 네이비 블루, 아쿠아 블루, 그레이 등이 있다.

4계절 유형

봄 유형	• 이미지 : 젊고 발랄하고 따뜻하며 투명한 이미지이다. • 피부색 : 맑은 노란빛을 띤다. • 머리카락색 : 따뜻하고 부드러운 느낌의 갈색이다. • 눈동자색 : 푸른색, 골든 갈색이다. • 특징 : 부드럽고 온화한 것이 특징이고 따뜻한 톤을 가지고 있다. • 어울리는 색 : 아이보리, 파스텔 옐로, 그린, 피치, 라이트 웜, 아쿠아 등의 노란색이 가미된 색상

	• 어울리지 않는 색 : 흰빛과 푸른빛이 감도는 색상과 차가운 느낌의 무겁고 칙칙한 색, 흰색 계열, 무채색, 은색, 와인색 등
여름 유형	• 이미지 : 청아하고 신선한 차가운 이미지와 귀족적인 우아한 이미지이다. • 피부색 : 푸른빛이 돌며 피부가 얇아 쉽게 붉어진다. • 머리카락색 : 갈색과 검정이 주를 이루고, 짙은 색보다 밝은 회갈색이다. • 눈동자색 : 비교적 밝고, 회갈색이거나 로즈브라운이다. • 특징 : 차갑고 부드러운 것이 특징이며 희고 푸른빛을 지닌 파스텔 톤을 가지고 있다. • 어울리는 색 : 부드러운 파스텔톤, 소프트 화이트, 라이트 블루 그레이, 부드럽고 차가운 느낌의 핑크, 연보라 등 흰빛을 지닌 색상 • 어울리지 않는 색 : 검은색, 너무 어두운 색, 노란 기미가 있는 색
가을 유형	• 이미지 : 따뜻하고 부드럽고 자연스러운 이미지로 친근감을 준다. • 피부색 : 황색톤이고 봄색보다는 짙은 색이며, 피부가 햇빛에 잘 탄다. • 머리카락색 : 어둡고 밝은 갈색이나 오렌지색을 띠는 붉은 갈색이다. • 눈동자색 : 황갈색이나 어두운 갈색, 녹색빛이 감도는 어두운 색이다. • 어울리는 색 : 웜 베이지, 마호가니, 오렌지, 모스그린, 틸 블루 등의 색상 • 어울리지 않는 색 : 불투명하거나 옅은 파스텔톤, 차가운 계열 색, 선명한 원색
겨울 유형	• 이미지 : 강하고 선명하고 다소 날카로운 느낌이며, 맑고 차가운 도시적인 이미지이다. • 피부색 : 붉은 기가 비치고 투명하거나 푸른빛이 감돈다. • 머리카락색 : 블루블랙, 선명한 검은색이다. • 눈동자색 : 짙고 눈동자색의 대비가 강해 뚜렷하고 선명하다. • 어울리는 색 : 푸르면서 흰색, 검정색과 흰색, 레드, 자주, 청블루, 청보라 등 • 어울리지 않는 색 : 퓨어 화이트, 라이트 트루 그레이, 그린, 황금색 계열 등

웜톤, 쿨톤 셀프 테스트

피부색	A : 노란기가 많다. – 웜톤
	B : 붉은기가 많다. – 쿨톤
머리카락색	A : 갈색에 가깝다. – 웜톤
	B : 검정색에 가깝다. – 쿨톤
손목 혈관색	A : 초록빛이 난다. – 웜톤
	B : 푸른빛이 난다. – 쿨톤

어울리는 액세서리	A : 골드 계열이 어울린다. - 웜톤
	B : 실버 계열이 어울린다. - 쿨톤
햇빛에 장시간 노출 시	A : 피부가 까맣게 탄다. - 웜톤
	B : 피부가 빨갛게 탄다. - 쿨톤

표에서 자신을 체크해 보았을 때 A가 4~5개 나왔다면 웜톤, B가 4~5개 나왔다면 쿨톤, 모두 2~3개면 뉴트럴톤으로 볼 수 있다. 뉴트럴톤은 웜톤과 쿨톤의 두 계열 사이의 중간 지점이라고 할 수 있다.

서비스맨을
위한
이미지컨설팅

PART Ⅱ

비즈니스 매너

04 Chapter 에티켓과 매너의 이해

동양의 인간관계에서 예의와 예절이 있고 중요하게 생각하듯 서양에서는 에티켓과 매너가 있고 중요한 부분으로 여긴다. 이제는 세계 어디에서도 에티켓과 매너라는 용어를 사용하고 사회생활을 하는 데 필수적인 요소가 되었다. 서비스맨들은 에티켓과 매너의 모범적인 모습을 보여주는 직업인이라고 할 수 있다. 조직 구성원 사이에서는 물론이고 고객을 응대할 때 에티켓을 지키고 세련된 매너를 보여주는 모습이 필요하다.

에티켓(Etiquette)은 프랑스어로 예의범절, 명찰, 꼬리표, 입간판, 안내표지 등으로 해석될 수 있다. 영어로는 예의로 해석되며 우리 사전에는 사교상의 마음가짐이나 몸가짐으로 풀이되어 있다.

에티켓은 프랑스 베르사유 궁전의 파티에서 유래되었다는 이야기가 있다. 17세기 프랑스의 루이 14세는 왕권강화를 목적으로 지방의 귀족들을 베르사유 궁전으로 초대하여 연일 파티를 열었다. 베르사유 궁전은 매우 넓고 화려하지만 화장실이 없어서 개인 이동식 화장실을 사용하였다. 파티를 위해 베르사유 궁전에는 264개의 화장실을 준비했지만, 파티에 초대되어 궁을 방문한 수많은 귀족들은 개인의 화장실의 존재와 위치를 알지 못했다. 결국 귀족들은 베르사유 궁전의 아름답게 꾸며진 정원을 화장실로 사용할 수밖에 없었다. 파티가 있었던 다음 날이 되면 아름답던 정원은 엉망이 되어 상심한 정원사는 정원을 보호하기 위해 '화단을 해치지 마시오.'라는 말뚝을 정원 주변에 박아 두었다고 한다. 그러나 이마저도 잘 지켜지지 않아 왕은 간판의 내용을 공표하게 되고 이 내용은 '지켜야 하는' 의무적 성격을 띠게 된 것이다. 이렇게 말뚝에 붙인 출입금지라는 용어에서 에티켓이 유래되었다고 한다.

다른 이야기는 베르사유 궁전에서 열리는 파티에 올 수 있는 귀족들에게 왕은 초대장을 보냈고 궁전 입장 시 초대장을 보여주어야 했다. 이 초대장에는 궁전 내 출입 시 유의사항, 예의범절이 적혀있었다. 이때 초청장, 입장권의 의미인 ticket에서 에티켓이 유래했다는 것이다.

에티켓과 관련된 교육은 16세기 데시데리우스 에라스무스(Desiderius Erasmus)의 저서 'ON Civility in Children(소년들의 예절론)'에서 찾아볼 수 있다. 이 책의 내용을 살펴보면 궁전 생활 예절, 식사 예절들을 다루고 있으며 지금의 에티켓과 큰 차이가 없다. 17세기에 들어서면서 프랑스는 남성 중심의 궁정사회에서 여성들의 사교모임 중심으로 변화했다. 궁전이 아닌 귀족들의 저택 응접실에 모여 유명인들의 연회와 문학, 미술, 음악, 과학 등에 대해서 많은 토론과 대화를 나누었다. 이것을 살롱(salon)문화라고 하는데 상류층의 사람들이 많이 모이는 장소이므로 상호 간에 지켜야 할 예의와 규범이 필요했고 에티켓은 많은 사람들에게 보급화될 수 있었다. 18세기 부르주아 계층의 부상으로 부르주아는 스노비즘(Snobism)으로 귀족들만의 풍속이었던 에티켓을 모방하면서 널리 퍼져 나갔다. 에티켓은 궁정 권력의 중심에서 귀족, 특정 계층 안에서 엄격히 지켜져 온 의식과 절차였으나 근대 자본주의가 발전하면서 일반인들 사이에서도 서로 지켜야 하는 예절이 되었다. 에티켓은 사회의 질서를 지키고 유지하기 위해 발전해 온 것이다. 현대의 사회적 안정을 바탕으로 상대방을 배려하는 틀로 인식되고 치열한 경쟁의 비즈니스 사회에서 상대방을 판단하고 평가하는 중요한 척도가 되었다.

에티켓은 법적 구속력이나 강제성이 없는 불문율이지만 사회생활을 하면서 지켜야 하는 기본적인 규범, 규칙에 해당된다. 사회의 조직이나 집단의 균형을 유지하기 위한 기초적 규범이고 사람들 사이에서의 합리적인 행동 기준이다. 서로를 배려하는 기초 행동양식이며, 에티켓은 서양적인 개념의 예의범절이다.

매너(manner)는 인간의 행동방식 또는 습관의 표출이라는 의미가 있으며, 사전적 의미로는 행동하는 방식이나 자세, 일상생활에서의 예의와 절차이다. 매너와 관련된 일화로 가장 유명한 것이 영국 엘리자베스 여왕 이야기이다. 영국을 방문한 중국 사신을 배려하여 핑거볼(Finger Bowl)의 물을 같이 마셨다는 것은 매너의 대표적 이야기이다. 지금의 관점에서 상대를 배려한다면 영국의 식사 예절을 잘 모르는 중국 손님에게 코스별 안내를 하여 실수를 하지 않도록 미리 도와주었어야 한다. 이처럼 매너는 상대방을 배려하는 마음에서 나오는 행동이나 방법을 의미한다. 매너는 에티켓을 기본으로 상대를 배려하는 마음을 기본으로 하고 있지만 개인마다 가지고 있는 독특한 행동으로 보여지는 행동방식, 방법(Way)이다. 상대가 편안하도록 배려의 감정을 행동으로 형식화한 것이라고 보면 된다. 매너는 긍정적인 이미지를 만들고, 원활한 인간관계를 형성하고 유지하며 자기 관리를 통해 자긍심을 형성할 수 있다.

에티켓과 매너는 상대를 배려하는 마음을 기본으로 하고 있다는 것에서 공통적이지만 구분해보자면 에티켓은 지켜야 할 행동 기준이 되는 규칙, 규범이고, 매너는 행동으로 표현하는 방식, 방법이다. 즉, 에티켓이 정해진 규범, 규칙이라면 그 에티켓을 행동으로 나타내는 것이 매너이다.

에티켓과 매너는 그 사람의 인격과 품격을 말해주고 사람을 평가하는 중요한 기준이 된다. 좋은 인간관계를 유지하고 발전시켜 나가기 위해서는 상대에게 호감을 주는 것이 시작이다. 가족, 친구, 직장 동료, 비즈니스 관계에서 신뢰감을 주고 능력을 인정받는 사람이 되기 위해서 매너와 에티켓이 중요한 경쟁력이 된다. 에티켓과 매너는 시대와 문화에 따라 다르고 변화해 나간다. 상대의 문화를 이해하고 인정하고 배려하는 모습으로 에티켓과 매너를 발휘해야 한다.

인터넷의 발달과 대중화로 인해 다양한 매체가 발생하고 운영 중이다. 전 세계 사람들과 언제 어디서나 인터넷으로 소통할 수 있는 시대이다. 서로 모르는 사이이고 얼굴을 마주 대하지 않는 가상 공간이라 해도 예절을 무시해서는 안 된다. 네트워크 사용자들은 실제 만남과 마찬가지로 에티켓과 매너를 유념해야 한다. 그래서 나온 신조어가 네티켓이다. 네티켓(Netiquette)은 네트워크(network)와 에티켓(etiquette)의 합성어로, 네트워크 사용 시 다음과 같은 사항들을 생각해야 한다. 실제 생활과 같은 기준으로 행동하고 말해야 한다. 전 세계가 하나의 공간에 있지만 실제는 시차가 존재한다. 그러므로 상대방의 시간과 사생활을 존중해야 한다. 또한 다른 사람들의 실수를 인정할 줄 알아야 하고 논쟁을 하게 되면 감정을 조절하고 개인적인 공격이나 악플은 자제하는 것이 맞다. 각종 네트워크 공간에서도 서로를 배려하고 올바른 공동체를 형성하기 위한 모두의 노력이 필요하다.

05 Chapter 올바른 인사 매너

우리는 매일의 일상생활에서 많은 사람들을 만나고 인사를 나눈다. 만남의 시작을 인사로 하고 만남의 마무리도 인사로 한다는 것은 인간관계와 사회생활에서 가장 중요한 부분을 인사가 차지하고 있다는 의미이다. 인사는 윗사람에 대한 존경심을 표현하는 행동이며, 아랫사람에게는 자애심을 표현하는 행동이고, 서비스맨에게는 고객에게 서비스 정신을 표현할 수 있는 행동이다. 즉 인사는 자신의 인격을 표현하는 행동이다. 만남에서 올바른 인사로 시작하면 상대방의 마음을 사로잡을 수 있다. 인사는 모든 인간관계의 시작을 열어주는 중요한 도구이며, 인사하는 사람의 자신감, 능력 등을 표현할 수 있는 방법이다. 또한 예의바르고 절도있는 인사를 한다면 더욱 좋은 첫인상을 전달할 수 있다. 상황에 맞는 적절한 인사는 긍정적이고 호감 가는 이미지를 연출할 수 있도록 한다.

제1절 인사할 때

인사는 누가 먼저 하는 것일까. 반드시 아랫사람이 윗사람에게 먼저 해야 한다는 편견은 버리고 내가 먼저 인사한다는 마음가짐과 자세가 필요하다. 인사를 한다고 언제나 서로 즐겁고 반가운 것은 아니다. 눈을 마주치지 않고 대충하는 무성의한 인사나, 인사말을 잘 알아듣기 어렵게 흘리듯이 말하는 경우, 표정도 없이 형식적으로 하는 인사들은 오히려 상대방을 불쾌하게 만든다. 또는 너무 과하게 허리를 숙여 부담스럽게 하는 경우도 좋지 않다. 이러한 점들을 유의하면서 예의를 갖추고 기분 좋은 인사를 해보도록 한다.

국가별 문화별 인사의 종류는 다양하다. 신체 접촉을 기준으로 구분해 보면, 신체를 서로 부딪히며 하는 인사와 신체를 터치하지 않는 인사로 구분할 수 있다. 서로 포옹하고 뺨을 맞대는 인사도 있지만 악수를 비롯하여 가볍게 주먹을 맞부딪히는 주먹인사(First Bump), 팔꿈치 인사(Elbow Bump) 등 다양하다. 우리와 같이 허리를 숙여 인사(Bow)하는 경우도 있다. 코로나 팬데믹 이후 신체 접촉을 안 하거나 최소화하는 인사가 늘어나면서 상체를 숙여 인사하는 모습이 더 많아지고 있다. 인사는 서로의 반가움을 표현하기도 하지만 예의를 갖추어야 하는 경우도 많으므로 절도있는 인사의 방법을 익히는 것이 필요하다.

인사를 할 때는 시선을 맞추고 예의 바른 인사를 하는 것이 중요하다. 부끄럽고 어색해서 상대의 눈을 쳐다보지 못한다면 제대로 된 인사를 한 것이 아니다. 상대의 눈을 보고 인사를 하는 것은 매우 중요한 부분이다. 인사는 만남의 시작이므로 그 만남을 즐겁게 생각한다는 표현을 하기 위해 밝고 즐겁게 그리고 정중하게 한다. 고개만 숙이면서 인사하는 것이 아닌, 상황에 맞는 인사말과 함께 인사를 한다면 더욱 진정성 있는 인사로 느껴지고 상대방에 대한 관심도 표현할 수 있어서 더욱 효과적이다. 즉 인사를 할 때는 내가 먼저 한다는 생각으로 적극적으로 하고, 상대방의 눈을 바라보고 밝고 정중하게 인사를 하면 된다. 더불어서 상황에 알맞은 인사말을 덧붙인다면 좋은 인사가 될 수 있다.

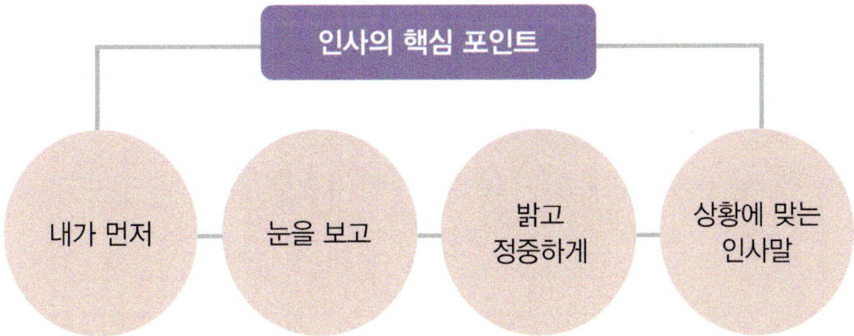

기본자세

인사의 기본은 바른 자세에서 시작된다. 바른 자세는 예의 바르고 절도 있게 보이기 때문에 평상시 인사하는 경우는 물론 고객을 응대하는 경우에는 더욱 바른 자세를 유지하도록 기본자세를 연습한다. 단정하고 준비된 인사의 기본자세를 익혀본다.

인사를 할 때는 눈이 매우 중요한 포인트가 된다. 부드러운 눈빛으로 상대방의 눈을 보며 인사를 하고 인사 후에도 상대의 눈을 본다. 표정 또한 밝고 부드러운 미소로 상대방에게 반갑고 친근한 마음을 자연스럽게 전달할 수 있어야 한다. 상황을 고려하지 않고 그저 반복적이고 습관적인 형식적인사를 하는 것은 상대방이 부담스럽게 느끼고 진정한 환영을 받는다는 느낌을 받지 못할 것이다. 진정성을 전달할 수 있는 인사는 시선과 표정에서 온다. 고개는 똑바로 들고 정면을 바라보며 반듯하게 한다. 턱은 내밀지 말고 자연스럽게 약간 당겨주고 거북목이 되지 않도록 한다. 어깨는 곧게 펴고 힘을 뺀 상태에서 자연스럽게 내린다. 어깨가 굽지 않도록 유의한다. 등과 허리는 곧게 펴서 일직선이 되도록 한다. 배는 내밀지 말고 살짝 넣어준다. 여성의 경우 손은 모아서 공수자세를 취해준다. 공수자세를 취할 때 손은 자연스럽게 아랫배쪽에 위치하도록 한다. 손을 너무 꽉 쥐지 말고 부드럽게 잡아준다. 남성의 경우 공수자세 또는 차려자세를 취한다. 다리는 일자가 되도록 붙이는 것이 단정해 보인다. 무릎을 붙이고 발 뒤꿈치도 붙인다. 발의 앞쪽은 11자로 붙이거나 살짝 벌려주면 다리 모양도 반듯해 보이고 자세를 취하는 것도 편안하다. 발의 앞쪽을 남성의 경우 30도 정도 벌려주고, 여성의 경우는 15도 정도 살짝 벌려준다. 여성의 경우 알파벨 'y'자 모양으로 발 모양을 만들어도 좋다.

인사하는 방법

움직이거나 걸어가면서 하는 인사, 고개만 까딱하는 인사, 다른 곳을 바라보며 하는 인사는 성의 없는 인사로 상대방의 기분을 오히려 상하게 할 수 있으므로 예의바르고 절도있게 인사한다. 절도있는 인사는 상대방을 존중하고 환영한다는 의미를 전달할 수 있다. 올바른 인사 방법을 습득하여 일상생활과 직장에서, 고객 응대 시 제대로 활용한다면 타인들이 평가하는 자신의 이미지가 매우 긍정적으로 향상될 것이다.

인사를 할 때 걸어가고 있는 상황이라면 상대방과의 거리가 6보 정도 되었을 때 멈추어 서서 정중하게 한다. 멀리 떨어져 있는 상황에서 상대를 알아보았다면 우선 가벼운 목례를 하고 적정 거리가 되면 멈추어 서서 인사한다. 갑작스럽게 상대를 보았다면 즉시 인사를 한다. 계단 이동 중에는 상대와 같은 위치로 이동하여 정중하게 인사를 한다. 인사를 할 때는 우선 가던 걸음을 멈추고 바른 자세 즉 기본자세를 취한다. 여성은 공수자세, 남성은 공수자세 또는 차려자세로 기본자세를 취한다. 남성의 차려자세는 자연스럽게 주먹을 쥐고 양손을 바지 옆 재봉선에 위치시키면 된다.

〈 기본자세-여성 〉

〈 기본자세-남성 〉

밝은 표정으로 상대의 눈을 부드러운 눈빛으로 보며 상황에 적합한 인사말을 한다. 이후 상체를 숙이며 인사한다. 인사는 고개를 숙이는 것이 아니라 허리를 숙여 인사를 한다. 이때 주의할 것은 상체를 숙였을 때 '머리-목-등-허리'가 일직선이 되도록 하는 것이다. 머리나 목이 앞으로 빠지거나 떨어지지 않도록 하는 것이 바른 자세이다. 허리를 숙이는 각도는 상황을 고려하여 조절한다. 상체를 숙인 상태에서 0.5초 정도 잠시 멈추었다가(Stop Motion) 허리를 세운다. 허리를 숙이고 바로 일어나면 기계적으로 보이고 성의가 없는 형식적인 인사로 느껴질 수 있다. 상체를 숙인 후 멈춤 동작은 매우 정중하고 절도있게 보이도록 해준다. 허리를 들어 상체를 세울 때는 허리를 숙일 때보다 천천히 일어난다. 그러나 인사하는 속도가 너무 느리면 매우 바쁜 생활 속에 사는 현대인들은 인사가 끝나기를 기다려 주기가 어려울 수 있다. 인사를 할 때 마음속으로 '하나' 하면서 허리를 숙이고, 0.5초 정도 멈추었다가 '둘, 셋'에 원위치를 하면 그 속도가 적절해진다. 이러한 세세한 동작과 속도가 정중하고 절도있는 모습을 보여준다. 상체를 들고 똑바로 서서 상대방의 눈을 바라보며 밝은 표정을 한다.

1단계	2단계	3단계	4단계
EYE CONTACT 허리 숙이기	STOP MOTION	상체 들어올리기	EYE CONTACT

[그림 5-1] 바른 인사 동작

인사의 종류

인사는 마음가짐뿐만 아니라 기본자세를 비롯한 형식도 중요하다. 허리를 굽히는 인사는 동양적이고 겸손의 미덕이 느껴지는 인사법이다. 정중하게 인사를 하고자 허리를 90도 숙이며 인사하는 경우는 일상생활에서 다소 과한 부분이 있다. 그러므로 상황에 따라 그 마음의 깊이를 전달하기 위해 허리 숙이는 각도를 조절한다.

인사는 허리 숙이는 각도에 따라 목례(5°), 약례(15°), 보통례(30°), 정중례(45°)로 구분할 수 있다.

목례는 상체를 숙이지 않고 가볍게 머리만 숙여서 하는 인사이다. 낯선 사람이나 동료, 후배와 인사를 나눌 때, 회사나 학교 복도에서 2회 이상 만난 경우, 양손에 짐을 든 경우, 통화 중인 경우 목례를 할 수 있다. 그저 고개만 끄덕이는 것이 아닌 웃는 얼굴로 눈인사를 하며 5° 정도 가볍게 숙여서 인사한다.

약례는 상체를 15° 정도 허리를 숙여 가볍게 하는 인사로 상사나 고객을 같은 상황에서 여러 번 마주친 경우, 실내 · 통로 · 엘리베이터 등 협소한 공간, 화장실과 같은 개인적인 공간, 회의 시 출입하는 경우(회의에 방해되지 않을 정도)에 약례를 할 수 있다.

보통례는 가장 일반적인 인사이며 허리를 30° 정도 숙여서 하는 인사이다. 일상생활에서 가장 자연스럽게 보이는 인사로 상사, 고객, 윗사람을 만났을 때, 보편적으로 처음으로 만난 상대와 나누는 인사이고 상사에게 보고하는 경우에도 할 수 있다. 일반적인 접객, 환영, 전송의 경우에도 보통례를 하면 된다.

정중례는 가장 정중하고 공손한 인사로 상체를 45° 정도 숙여 인사한다. 정중하게 감사를 표현하는 경우, 진심으로 사과를 하는 경우, 면접이나 공식적인 자리에서, VIP 고객이나 직장의 CEO를 맞이하는 경우 정중례를 하면 된다.

그 밖에도 특례가 있는데 90° 정도로 상체를 숙이거나 바닥에 엎드려 예를 표하여 왕족에 대한 인사를 하는 매우 특별한 경우의 인사를 의미한다.

〈 약례 〉

〈 보통례 〉

〈 정중례 〉

〈 약례 〉

〈 보통례 〉

〈 정중례 〉

인사를 하는 것은 쉽게 느껴지지만 막상 중요한 상황에서 절도있고 바른 인사를 하려고 하면 어려움을 느낀다. 평소의 인사연습을 통해 올바른 인사 자세를 습득할 필요가 있다. 거울을 보며 표정부터 기본자세를 확인하고 상체를 숙였을 때 머리－목－등－허리가 일직선이 되는지 확인한다. 인사말을 덧붙일 때는 상대방과의 눈맞춤을 하고 나서 인사말의 뒷부분에서 상체를 숙이는 것이 좋다. 속도를 조절하여 너무 빨라서 성의가 없거나 너무 느려서 어색하지 않도록 유의한다. 상황에 알맞은 인사말을 평소에 생각하고 연습해 두는 것도 좋은 방법이다.

제2절 소개할 때

학창시절 자기소개를 비롯하여 면접에 임할 때도 자기소개를 해 본 경험이 많을 것이다. 사회생활을 하다 보면 개인적으로 업무적으로 많은 사람을 만나게 된다. 새로운 사람을 만나거나, 아는 사람에게 새로운 사람을 소개해 주는 경우, 자신이 소개받는 경우, 사람들에게 직접 자신을 소개하는 경우 등 다양한 상황을 접하게 된다. 서비스 직종에서 근무하는 사람들은 매일 새로운 고객들을 만나고 자신을 소개한다. 사람을 처음 만나게 되면 첫인상이 오래 기억에 남기 마련이다. 그것은 개인의 이미지에서 머무르지 않고 소속된 조직이나 기업의 이미지와 첫인상으로 연결되기 때문에 예의 바르고 세련된 소개를 할 수 있어야 한다.

모임에 참석했을 때 모르는 사람들을 만나게 되면 서로 간의 소개를 통해 대화를 부드럽고 자연스럽게 시작할 수 있다. 자신이 다른 사람을 소개할 때는 소개 순서를 알고 지키는 것이 좋다. 지위가 낮은 사람을 지위가 높은 사람에게 소개하고, 아랫사람을 윗사람에게, 후배를 선배에게, 남성을 여성에게, 직원을 고객에게, 가족을 다른 사람에게 먼저 소개한다. 지위나 연령이 비슷한 경우는 친한 사람을 먼저 소개하고 모임에 처음 참석한 사람의 경우 한 사람을 여러 사람에게 먼저 소개한다. 자신을 소개할 때는 상대의 눈을 바라보며 '인사말+소속+이름'을 밝힌다. 자신의 이름을 기억하기 쉽도록 특징을 말하는 것도 상대방이 기억할 수 있도록 하는 좋은 방법이다. 소개를 하거나 받은 후 인사를 나누게 되면 상대 이름과 소속을 반복하여 인사말에 덧붙이면 기억하기도 좋고 상대에게 좋은 인상을 전달할 수도 있다.

소개를 하거나 소개를 받을 때는 소개받는 사람과 소개하는 사람 모두 일어서고 앉아 있는 경우에도 일어선다. 다만 환자나 노령일 경우 그대로 앉아 있어도 무방하다. 소개를 받으면 상대의 이름을 잘 듣고 기억해둔다.

제3절 악수할 때

비즈니스 사회에서 악수는 보편적인 인사이며 매우 중요한 행위이다. 악수는 우정과 신뢰의 상징이며 자신감과 확신을 느끼게 해준다. 또한 상대방에 대한 관심과 존경의 의미를 전달할 수 있다. 악수를 청했을 때 악수를 거절하는 것은 결례가 되므로 악수 매너를 습득하여 예의 바르고 세련된 악수를 할 수 있도록 한다.

악수는 중세 시대 기사들이 적을 만났을 때는 오른손으로 칼을 빼서 적의를 표현했고 상대와 싸울 의사가 없을 때는 무기가 없음을 보여주기 위해 오른손을 내밀었던 것에서 유래가 되었다. 팔을 맞잡고 흔드는 것은 소매 부분에 무기를 숨기지 않았음을 의미한다. 서구 사회의 오래된 관습으로 악수는 현재 상대방에 대한 호의, 신뢰 등을 표현하는 인사가 되었다.

악수할 때는 먼저 청하는 순서가 있다. 윗사람이 아랫사람에게, 상사가 부하직원에게, 선배가 후배에게, 여성이 남성에게, 고객이 직원에게 먼저 손을 내미는 것이 맞다. 악수는 1대1의 대등한 관계로 하는 서양식의 인사임을 알아둔다. 악수를 하게 되면 반가운 마음으로 시선을 맞추고 미소 띤 표정으로 상대의 이름을 불러준다. 허리를 굽히거나 바닥으로 시선을 떨구는 것은 악수와 맞지않다. 악수는 오른손잡이 또는 왼손잡이와 상관없이 항상 오른손으로 한다. 서로의 손을 적당한 힘으로 맞잡고 상대의 얼굴을 보면서 자연스럽게 3~4회 손을 흔든다. 대등한 관계로 악수를 하지만, 우리의 정서상 지위가 높은 사람과 악수할 경우 예의가 없는 것으로 비춰질 수 있으므로 가볍게 목례를 한 후 다가가 악수한다. 왼손은 허리 앞쪽에 대서 공손한 느낌을 준다.

악수를 청할 때는 자리에서 일어나서 한다. 만약 장갑을 끼고 있었다면 장갑을 벗고 악수한다. 단, 여성의 드레스와 세트인 장갑은 예외이다. 또한 악수는 서로 대등한 관계에서 상대방과 계속 부드럽게 시선을 맞추는 것이 중요하다. 여러 사람과 악수를 해야 하는 경우는 손을 놓은 후 다음 사람에게 시선과 몸의 방향을 함께 옮긴다. 악수할 때 상사가 격려의 차원에서 상대의 어깨를 가볍게 두드리는 경우가 있으나 아랫사람이 하는 것은 결례이다.

제4절 명함 주고받을 때

처음 만난 사이에 소개를 하거나 받게 되면 의례적으로 명함을 주고 받는다. 명함은 자신의 얼굴이며 첫인상이다. 비즈니스 사회에서 자신을 소개하고 상대에게 자신을 알리는 중요한 도구이며 명함을 바르게 관리하고 사용하는 것은 중요하다. 자신의 명함은 물론 상대로부터 받은 명함도 상대의 분신이라고 생각하고 소중히 다루는 것이 매너이다. 명함은 오염되거

나 훼손되지 않도록 명함 케이스를 사용하는 것이 좋다. 명함을 주머니에서 바로 꺼내어 건네는 것은 좋지 않으며 명함 케이스를 항상 가지고 다니며 보관한다. 모임이나 출장 시에는 만날 사람보다 훨씬 더 많은 양의 명함을 여유있게 준비한다. 명함을 받은 후 자신의 명함이 부족하여 전하지 못하는 것은 결례이며 준비성이 부족해 보이는 인상을 줄 수 있다. 비즈니스 명함에는 소속과 직급, 직책, 이름, 회사 주소, 전화번호, 이메일 등의 내용을 담는다. 각 기업별 양식이 정해져 있기도 하다.

처음 소개받은 사람의 경우 악수한 후 명함을 건네는데 명함을 교환할 때도 먼저 건네는 순서가 있다. 소개하고 악수할 때 순서와는 반대로 아랫사람이 윗사람에게, 지위가 낮은 사람이 높은 사람에게, 부탁하는 사람이 부탁받는 사람에게 명함을 건넨다. 여러 사람이 함께 명함을 주고받을 때는 윗사람부터 순서대로 명함을 교환하면 된다.

명함을 상대방에게 건넬 때는 일어서서 인사를 하고 악수를 한 후 건넨다. 윗사람, 고객, 여성에게 먼저 드리는데, 드릴 때는 오른손 엄지와 왼손 엄지를 나란히 하여 두 손으로 공손하게 드린다. 상대방이 읽을 수 있는 방향으로 드리면서 '인사말+소속+이름'을 말한다. 명함을 받는 사람도 일어서야 한다. 오른손 엄지와 왼손 엄지를 나란히 하여 두 손으로 공손하게 받고 소속, 직급, 이름을 확인한다. 받자마자 책상 위에 놓거나 명함 케이스에 넣으면 상대방에 대한 관심이 없는 것으로 비춰질 수 있다. 상대방의 명함을 받으면 명함을 소리내어 가볍게 읽어주면서 명함에 관심을 두면 상대방을 기억하려는 노력으로 보인다. 동시에 명함을 전달하려고 하는 경우에는 연령이나 직급에 상관없이 오른손으로 자신의 명함을 주고, 왼손으로 상대의 명함을 받으면 된다. 명함을 주고 받은 이후 즉시 회의를 시작한다면 책상 왼쪽 상단에 명함을 놓아두고 회의 진행 중에 가끔 참고하면서 상대의 직함과 이름을 불러준다. 그러나 회의 종료 후 명함을 그대로 책상에 두고 가는 실수를 하지 않도록 주의한다.

명함은 항상 깨끗한 것으로 준비하고 명함 케이스에 보관한다. 명함을 받자마자 명함 케이스에 바로 집어 넣거나 탁자 위에 방치하지 않는다. 명함 주인이 보는 앞에서 수첩이나 주머니에 대충 집어넣지 않는다. 명함을 받으면 명함을 읽은 후 잠시 후에 명함 케이스에 보관한다. 명함을 받고 선 상태에서 대화를 나누는 경우 상대의 명함을 손에 쥐고 있게 되는데 이때는 명함을 쥔 손이 자신의 허리선 아래로 내려가지 않도록 한다. 받은 명함을 손으로 만지작거리거나 부채질하는 등의 무시하는 행동은 삼간다. 상대 명함에 양해도 없이 메모를 해서는 안 되고 받은 명함을 자리에 그냥 두고 가서도 안 된다.

받은 명함은 개인 명함 파일에 잘 보관하거나 명함 관리 앱을 이용해 보관한다. 만난 장소, 용건 등을 함께 메모해서 첨부하는 것도 좋다. 추후 상대를 기억하기 좋다. 단, 귀가 후 명함 정리할 때 메모한다. 회사별, 업종별 등 구분하여 정리하면 찾기 편리하다. 잘 정리해서 보관한 명함은 인맥 관리의 중요한 자료가 된다. 만약 행사나 모임에서 처음 소개받고 명함을 주고받았다면, 당일 저녁 또는 다음날 사이에 이메일로 안부 인사를 보내면 상대가 향후에도 나를 기억하기 쉽다.

06
Chapter

직장 근무 매너

제1절 근무할 때

직장은 학교보다 더욱 다양한 연령과 계층이 공존하고 전혀 다른 환경에서 성장해 온 성인들로 구성된 사회집단이다. 개성이 다른 사람들이 모여 함께 협력하여 조직적으로 일해야 하며 그 조직에서 인정받고 성공하기 위해서는 매너가 좋아야 하는 것은 필수적이다. 조직생활인 만큼 실력을 바탕으로 팀원들과 팀워크를 잘 맞추어 나갈 수 있어야 한다. 아무리 실력이 뛰어난 사람이어도 조직에서 융화되지 못하면 직장에서 환영받지 못한다. 다른 사람들에게 폐를 끼치지 않고 배려하면서 자기가 맡은 일에 책임을 다하는 모습이 필요하다. 밝고 긍정적이며 적극적인 모습으로 생활하는 것이 중요하다.

직장 생활을 하게 되면 학교 생활과는 많은 것들이 달라진다. 의무와 책임이 따르며 성인으로서 자신의 행동을 책임져야 한다. 조직의 규정을 이해하고 준수해야 하며, 직장 생활과 사회 생활을 하게 되면 시간을 엄수해야 한다. 긍정적으로 사고하며 신중하고 공손하게 행동해야 한다. 자신만이 아닌 주변인들, 고객들에게 관심을 가지고 배려해야 한다. 사회인으로서 적절한 언어를 사용하고 T.P.O.에 맞는 용모 복장을 갖춘다. 직장에서는 업무의 생산성을 높이는 데 집중하는 것이 중요하다.

출근하기 전 직장의 분위기와 업무에 집중할 수 있는 T.P.O.에 적합한 용모 복장을 점검하고 유니폼 착용을 하는 경우에도 출퇴근 복장은 단정하게 유지한다. 유니폼 착용을 한 상태로 출퇴근 하는 직업인 경우 주위 사람들이 관심을 가지게 되므로 출퇴근 시 언행에 유의하여 조직의 이미지를 관리하는 데 유념해야 한다. 출근 시간은 길이 막힐 것을 대비하여 여유 있게 집에서 출발한다. 회사에는 근무시간 전에 미리 도착하도록 한다. 9시부터 근무시간이 시작된다면 9시가 출근 시간이 아니라 9시부터 정식 근무가 시작된다는 의미이다. 근무시간 15~20분 전에 회사에 미리 도착하여 책상정리도 하고 차 한잔 하면서 업무 준비를 하며 여유있게 하루를 시작하는 것이 좋은 방법이고, 성실하고 부지런한 이미지가 생겨 사람들의 신뢰를 얻는 데 도움이 된다. 부득이한 사정으로 지각이나 결근을 하게 되면 본인이 직접 회사에 미리 연락을 한다. 무단결근과 같이 무책임한 행동을 보이는 것은 삼가야 한다.

근무 시간에는 업무에 집중해야 한다. 근무 중 개인적인 일로 잡담을 하거나 개인 전화, 문자, SNS를 하는 것은 자제해야 한다. 개인적인 사유로 자리를 비우는 것은 좋지 않고, 흡연을 이유로 자리를 자주 비운다면 불성실한 모습으로 비쳐질 수밖에 없다. 그런 이유로 최근 기업에서는 해당 건물을 금연건물로 지정하고 흡연자 채용을 꺼리는 경우가 증가하고 있다. 담배 냄새나 짙은 향수 냄새로 옆자리의 동료를 불쾌하게 만들지 않도록 유의해야 한다. 사무실에서 공동으로 사용하는 물품들은 아껴 사용하고, 사용 후에는 제자리에 정리하여 다른 사람들이 사용하는 데 불편함이 없도록 한다. 점심시간의 경우 시간을 엄수하여 오후 근무에 지장이 없도록 하는 것은 당연하다. 외출할 때는 행선지, 업무 내용, 복귀 시간을 상사에게 보고하고 동료에게도 알린다. 만약 외부 업무가 늦게 끝나서 바로 퇴근을 해야 한다면 전화로 상사에게 보고한 후 허가를 득한 후 퇴근한다. 지시받은 일은 미루지 말고 그날에 마치도록 하고, 기일이 늦어지면 상사에게 보고하고 다시 지시를 받는다.

문서를 작성할 때는 상황과 용도에 맞는 문서의 종류를 선택하고 내용은 간결하고 명확하게 그리고 알기 쉽게 작성한다. 문서는 정확성을 기해야 하며 깨끗하게 작성한다. 회사별 운영하는 양식이 있을 경우 회사 내 양식을 사용한다. 직장에서는 많은 회의와 브리핑을 하게 된다. 업무 방향 설정이나 원활한 수행을 위해 또는 과정을 점검하기 위해 진행하게 된다. 회의에 참석할 때는 회의 주제를 파악하고 회의 안건과 관련된 자료를 사전에 조사하여 준비해간다. 회의 시간은 반드시 지키고 회의 내용의 요점을 메모하며 참석자들의 의견을 경청한다. 자신의 의견이 있을 경우 발표할 수 있으며 회의의 결과를 정리한다.

퇴근 시간이 6시이면, 6시가 되는 순간 퇴근하는 것이 아니라 6시에 근무가 종료되는 것이고, 6시가 지나 퇴근 준비를 시작하는 것이다. 동료들이 일이 많아 퇴근이 늦어진다면 함께 일을 마무리할 수 있도록 돕는 것도 좋다. 퇴근할 때 책상 위의 서류와 문구류들은 정리해놓고, 공동 사용 물품은 제자리에 정리한다. 다음 날 해야 할 업무는 메모하여 다음 날 출근하면 바로 업무를 시작할 수 있도록 준비해 둔다. 상사보다 먼저 퇴근하는 경우 예의바르게 인사하고 퇴근한다. 자신의 컴퓨터나 그 외 전원을 끄고 퇴근하며, 마지막으로 사무실을 나간다면 전원 및 소등을 확인하고 문단속을 한다. 퇴근 시에도 동료들과 인사를 나눈다. 이직이나 전직으로 인해 퇴사를 하게 된다면 퇴사 한 달 전에 퇴사 의지를 밝히고 사직절차를 진행하며 인수인계를 철저하게 한다. 갑작스럽게 통보도 없이 연락을 두절하고 회사에 나오지 않는 것은 매우 무례한 일이고 회사에 피해를 입히는 일임을 유의한다. 입사에서 퇴사 때까지 성실하고 책임을 다하는 모습으로 임해야 한다.

직장 내 호칭

직장에서 상사 및 동료들 간의 호칭을 유의해야 한다. 직장에는 직급과 직책이 있으므로 직급이나 직책이 있는 경우에는 직위 다음에 '님'을 붙여 호칭하면 된다. 예를 들어 '이 부장님, 강 팀장님' 등으로 호칭하고 이름을 모를 경우 '팀장님, 부장님' 등으로 존칭을 붙여 호칭한다. 직위가 높은 분에게 자신을 호칭할 때는 '저'라고 표현한다. 동급자인 경우에는 성과 직위 또는 직명을 호칭한다. 동급자여도 초면에는 '님'을 붙여 호칭하고 같은 연령이나 연령이 낮은 동급자의 경우에는 '이 대리, 최 주임' 등으로 호칭한다. 동급자라 하더라도 선배이거나 연령이 높은 경우에는 '님'을 붙인다. 직위가 없는 선임자에게는 '선배님'이라는 호칭을 사용하고 직위가 없는 동급자에게는 이름에 '님'을 붙여 호칭한다. 하급자에게는 직명을 호칭하면 된다. '박 대리, 유 계장' 등으로 호칭하고 하급자라도 반말을 하거나 하대를 하지 말고 적절한 예우를 하는 것이 필요하다.

존칭이나 호칭을 사용할 때 많이 실수하는 경우가 있는데, 문서상에서는 상사의 존칭을 생략한다. 상사에 대한 존칭은 호칭에만 사용한다. 장소나 물건에는 '님'을 붙이지 않는다. 예를 들어 '사장실'이 맞고 '사장님실'은 틀린 표현이다. '커피 나오셨습니다.' 등과 같이 사물을 높이는 것도 틀린 표현이므로 주의한다.

압존법을 알고 응대하는 것이 필요하다. 압존법은 높여야 할 대상이지만 내 이야기를 듣고 있는 상대가 더 높다면 그 공대를 줄이는 어법이다. 최근에는 많이 완화되었지만 참고할 필요가 있다. 예를 들어 부장님께서 대리인 자신에게 과장의 위치를 묻는다면 어떻게 대답하는 것이 맞을까? "네, 부장님. 김과장님께서는 외근 중이십니다."라고 말하는 경우가 대부분이지만 엄격하게 압존법을 대입한다면, "네, 부장님. 김과장 외근 중입니다."라고 하는 것이 맞다. 요즘은 압존법이 많이 완화되어 "네, 부장님. 김과장님 외근 중입니다." 정도로 답하면 적절하다.

지시와 보고

상사가 호출하거나 지시를 받을 때는 필기도구를 준비하여 메모하는 습관을 가진다. 지시사항의 요점을 복창하여 메모하고 상사의 말은 중간에 끊지 말고 끝까지 듣고 대답한다. 지시사항은 육하원칙(5W3H)에 따라 구체적으로 정확한 내용을 기록하고 의문 사항은 즉시 질문하여 내용을 정확히 확인하고 업무 수행을 준비한다. 지시받은 사항은 실행에 옮기고 바로 업무를 시행할 수 없을 때에는 이유를 상사에게 설명하고 상사의 결정이나 우선순위를 따르면 된다.

업무가 마무리되면 보고를 함으로써 마무리되므로 지시받은 업무를 완료하면 즉시 보고한다. 업무 수행 기간이 길어진다면, 계획대로 업무가 진행되는지, 더 빠른 시일 내에 완료가 될 것인지, 문제가 발생하여 완료가 계획보다 늦어지게 될지에 대하여 중간보고를 하여 진행 상황을 보고한다. 보고할 때는 두괄식 스피치를 사용하여 결과부터 말하고, 과정과 사유, 견해를 보고한다. 보고는 지시한 사람에게 하는 것이 기본이며, 보고의 내용이 길거나 복잡한 경우에는 문서로 작성하여 함께 보고하는 것이 오류를 줄이고 정확한 내용 전달을 할 수 있다.

지시 받은 사항, 보고 하는 사항들은 정확한 전달을 위해 5W 3H를 기준으로 하면 명확한 전달을 할 수 있다. 5W 3H란, When(언제), Where(어디에), Who(누가), What(무엇을), Why(왜), How(어떻게), How many(어느 정도, 갯수), How much(얼마만큼, 양)을 의미한다. 특히 고유명사, 숫자, 금액, 날짜, 시간 등은 정확히 기록하고 전달한다.

보고할 때는 상사의 책상에서 조금 떨어진 측면에서 한다. 책상이 없는 경우에는 더 거리를 두고 떨어진 거리에서 보고한다. 결재서류나 문서를 상사에게 제출할 때는 상사가 글씨를 읽을 수 있는 방향으로 하여 드린다. 문서를 함께 보면서 보고할 경우에는 사전에 양해를 구하고 다가가서 보고한다. 문서의 내용을 직접 가리키면서 보고할 경우 한 손가락을 사용하지 말고 손가락을 모으고 손끝으로 가리킨다.

이메일이나 전자결재를 이용하여 보고할 경우에도 같은 사무실에 근무한다면 상사에게 직접 가서 전자결재를 올렸음을 알린다.

〈 지시받을 때 〉

〈 보고할 때 〉

제2절 안내할 때

직장에서 근무하면서 고객을 비롯하여 내방객을 안내해야 하는 경우가 종종 발생한다. 밝은 표정과 올바른 자세를 기본으로 상황별 적절한 매너를 발휘해야 한다.

복도에서

복도 또는 길을 함께 걸으며 고객을 안내할 때, 고객의 왼쪽 2~3걸음 정도 비스듬히 앞서서 걸어간다. 이때 앞만 보고 가는 것이 아니라 고객이 잘 따라오고 있는지 확인하면서 이동한다. 몸을 조금 비켜선 자세로 걸어서 고객과의 거리가 벌어지지 않도록 유지하고 시선은 눈동자만 움직이는 것이 아니라 얼굴과 함께 움직이도록 한다. 방향을 바꿀 때나 층을 이동할 때는 미리 구두로 안내하고 손으로 방향을 안내한다. 정적이 흘러서 분위기가 어색하다면 날씨, 교통 등과 같은 가벼운 대화를 하는 것도 괜찮다.

엘리베이터 탑승 시

엘리베이터를 함께 탑승하여 안내하는 경우, 미리 목적지 층을 알려준다. 탑승 시 안내자가 먼저 탑승하여 버튼을 조작하고 엘리베이터 문이 닫히지 않도록 조작한다. 엘리베이터에서 내릴 때는 고객이 안전하게 내릴 때까지 열림 버튼을 누르고 있다가 마지막에 내린다. 엘리베이터 내에서 위치할 때 주의할 것은 이곳에도 상석이 존재한다는 것이다. 안내자가 버튼을 조작해야 하므로 버튼 있는 곳이 말석이 되고 그 반대 안쪽방향이 상석이 된다.

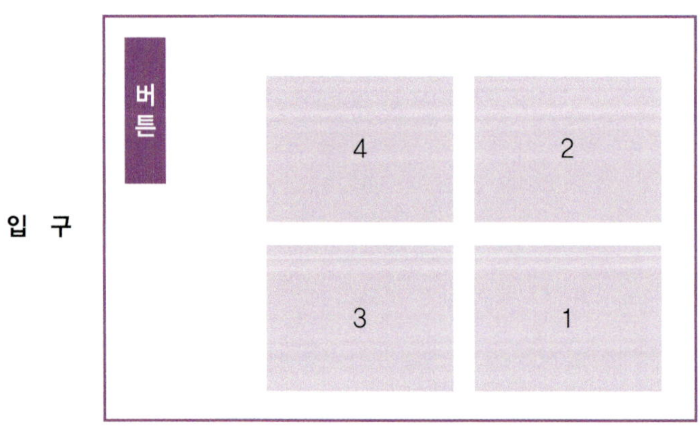

[그림 6-1] 엘리베이터 상석 위치

에스컬레이터 또는 계단 이용 시

에스컬레이터나 계단처럼 경사진 곳을 이용할 때는 고객이나 상사가 위쪽에 위치하도록 한다. 올라가는 방향인 경우 고객이 먼저 에스컬레이터를 탑승하도록 하고, 내려가는 방향의 경우 안내자가 먼저 탑승하여 아래에 위치하도록 하면 된다. 그러나 예외적으로 고객이 여성이고 안내자가 남성인 경우, 여성을 배려하여 여성 고객이 아래쪽에 위치하도록 한다.

문 이용 시

문을 열어드리고 고객이 이용하실 수 있도록 안내하는 경우 문의 타입에 따라 다르게 움직인다. 당겨서 여는 문의 경우, 안내자가 문을 당겨서 열고 서서 고객이 먼저 들어갈 수 있도록 하고 고객이 통과하면 안내자도 통과

〈 당겨서 여는 문 〉

〈 밀어서 여는 문 〉

하고 문을 닫는다. 밀어서 여는 문일 경우 안내자가 문을 밀고 먼저 통과한 후 문을 잡고 고객이 들어올 수 있도록 안내하고 고객이 통과하면 문을 닫고 계속 안내한다. 회전문인 경우 수동과 자동이 있는데, 자동 회전문인 경우 고객이 먼저 입장하도록 안내한다. 수동 회전문인 경우 고객이 먼저 문으로 들어가도록 안내하고 안내자는 뒤에서 고객의 걸음 속도에 맞춰 문을 조심스럽게 밀어준다.

방문객 응대

고객이 방문하거나 입장하게 되면 하던 일을 멈추고 신속하게 응대하여 밝은 표정으로 바른 자세로 인사한다. 서비스 매장이나 장소에 방문한 고객의 경우 좌석으로 안내하고, 사무실을 방문한 방문객의 경우에는 성함과 용건을 우선 확인한다. 사전에 약속을 하고 방문한 경우 약속된 상황대로 안내하면 되고, 사전 약속이 되어있지 않다면 용건을 확인하고 해당 부서나 담당자에게 보고하고 안내한다. 방문객이 기다려야 하는 상황이라면 기다릴 수 있는 장소 예를 들어 응접실이나 회의실로 안내한다. 응접실이나 회의실로 안내할 때는 상석이 있으므로 유념하여 적절한 좌석으로 안내한다. 응접실에서는 문에서 가장 먼쪽이 상석이다. 고객에게 전망이 보이는 좌석으로 안내한다. 기다리는 동안 마실 수 있는 음료를 제공하는데, 계절에 맞는 따뜻하거나 시원한 음료를 여쭈어보고 제공한다. 읽을 수 있는 신문이나 잡지 등을 제공하는 것도 좋다.

일을 마치고 돌아가는 고객에게 밝은 표정과 바른 자세를 유지하며 배웅한다. 두고 가는 물건은 없는지 주변을 확인하고 입구까지 정중히 안내한다.

제3절 일상생활 속에서

자동차 이용 시

자동차를 이용하여 이동하는 경우가 많은데 자동차를 직접 운전할 때나 상사나 동료와 함께 이용할 때 좋은 매너를 보여주는 것이 필요하다. 여럿이 함께 자동차에 이용할 때는 윗사람이 먼저 탑승하고 아랫사람은 윗사람의 탑승을 도와준 후 나중에 반대편 문으로 탑승한다. 내릴 때는 아랫사람이 먼저 내려서 윗사람의 하차를 도와준다. 자동차 탑승 시 상석을 확인하여 착석한다. 운전기사가 별도로 있을 경우 운전기사 대각선 뒷자리가 가장 상석이다. 그리고 옆자리가 그다음, 마지막은 운전석 옆자리이다. 네 명이 탑승할 때는 뒷좌석 가운데가 가장 불편한 자리이므로 말석으로 보면 된다. 운전을 일행 중 한 명이 할 때는 상석의 위치가 달라진다. 운전석 옆자리가 가장 상석이 되고, 운전석 대각선 뒷자리가 그다음이고, 그 옆자리 순이다.

주차를 할 때는 반드시 지정된 주차 구역을 이용해야 한다. 다른 차량이 지나가거나 주차할 것을 염두에 두고 주차선을 준수하여 주차한다. 장애인 주차 공간에는 자격이 되는 차량만 주차하고 갑작스러운 상황을 대비해 연락처를 남겨둔다. 이중주차를 하는 경우는 기어를 중립에 두고 사이드브레이크를 풀어 놓는다. 탑승과 하차할 때 옆 차에 문이 부딪히지 않도록 주의한다. 만약 다른 차량에 흠집을 냈을 경우는 연락을 취하거나 연락처를 남긴다. 자동차를 운전할 때는 교통법규를 지키고 양보 운전을 하며 쓰레기나 담배꽁초를 창밖으로 버리는 행위는 금물이다.

〈 운전사가 있을 경우 〉

〈 일행이 운전하는 경우 〉

대중교통 이용 시

사람들이 많이 이용하는 대중교통을 이용할 때는 에티켓과 매너를 지켜 서로서로 배려하는 모습을 보여야 모두 편안하게 사용할 수 있다. 버스나 전철에 탑승할 때, 마스크는 반드시 착용해야 한다. 쏟아질 수 있는 음료수나 냄새가 나는 음식물을 가지고 타거나 먹는 것은 금물이다. 큰소리로 웃고 떠들거나 휴대전화 통화를 큰소리로 하는 경우는 매우 좋지 않다. 지정되어 있는 노약자석, 임신부석, 장애인석은 비워두고 해당자에게 양보한다. 옆자리에 가방을 두거나 두 자리에 걸쳐서 앉는 것은 다른 사람들의

사용을 방해하므로 삼간다. 승하차 시 출입구 주변은 비켜주는 것이 안전하다. 사람들이 먼저 내린 후 탑승하고 문이 닫히고 있을 때 무리해서 탑승하지 않는다. 비 오는 날의 경우 우산은 반드시 접어서 옆사람에게 물방울이 묻지 않도록 하는 것이 맞다.

조문할 때

사회생활을 하고 직장생활을 하다 보면 부고를 접하게 되는 경우가 발생한다. 대부분 3일장을 진행하기 때문에 부고 소식을 듣게 되면 가능한 한 빠른 시일 내에 조문한다. 돌아가신 분의 죽음을 슬퍼하며 애도를 표하고, 상주에게 위문하는 것을 문상(問喪)이라고 하고 조문 시에는 상황에 적합한 복장을 갖추어 입어야 한다. 남성의 경우 검정색 정장이 가장 적당하지만, 준비가 안 된 경우 감색이나 회색 양복도 무방하다. 셔츠는 흰색이나 단색이 좋고, 넥타이는 검정색이 적절하나 준비가 안 된 경우 넥타이를 하지 않는 것도 괜찮다. 양말과 구두도 검정색이 적당하다. 여성의 경우도 검정색 정장을 입는 것이 적절하다. 검정색 구두에 검정색 스타킹이나 양말을 신고, 맨발은 금물이다. 핸드백도 검정색이 적당하며 액세서리는 가급적 하지 않는다. 메이크업도 색채 화장은 하지 않고 수수한 모습으로 조문하는 것이 좋다. 근무 종료 후 곧바로 조문하는 경우도 생기는데 그런 경우 화려하지 않고 단정한 옷차림이면 조문이 가능하다. 색조화장이 진하다면 문상 전에 색조를 지우고 액세서리는 빼고 들어간다. 그리고 휴대전화는 진동모드로 하거나 전원을 꺼둔다. 조문할 때 사랑하는 사람을 잃은 가족들의 입장을 이해하고 예의를 지킨다.

조문은 자주 접하는 일이 아니므로 절차나 예법을 어려워하는 사람들이 많다. 돌아가신 분을 애도하고 가족을 위로하는 자리이므로 예법을 숙지하여 결례를 범하지 않도록 한다. 우선 장례식장에 방문하면 상주의 이름을 확인하여 해당 장례식장에 입장한다. 조객록에 자신의 이름을 서명하고 식장 안으로 들어간다. 식장 안으로 입장할 때 외투나 가방 등은 미리 벗어서 들고 있다가 입구 쪽이나 식장 밖에 보관한다. 신발을 벗고 안으로 들어가 영정 앞에서 예를 표한다. 이때 종교에 따라 다른 방식을 취하는데 경우에 따라 분향 또는 헌화를 하면 된다. 분향의 경우, 향을 1개 집어 올려 옆에 있는 촛불을 이용해 향에 불을 붙인다. 입으로 불을 끄면 안 되고 왼손으로 부채질하거나 향을 조심스럽게 흔들어서 불은 끈다. 그 후 향로에 꽂는다. 헌화를 하는 경우는 준비되어 있는 흰 국화를 한 송이 집어 가슴 앞쪽에 들고 영정 앞으로 가서 천천히 제단 위에 올려 놓는다. 절을 두 번 반 올리거나, 묵념을 하며 고인의 명복을 빈다. 이때도 종교에 따라 절 또는 묵념을 선택할 수 있다. 이후 상주와 맞절을 하고 간단한 위로의 말을 전한다. 문상이 끝나면 뒤로 두 걸음 정도 물러나와 몸을 돌려 식장을 나온 후 부의금 넣는 함에 직접 부의금 봉투를 넣는다. 조문 후 음식이 마련된 장소로 이동한다.

〈 조객록 작성 〉

〈 입장 〉

〈 영정 앞에 서기 〉

〈 향로 〉

〈 분향 〉

〈 헌화 〉

〈 절 올리기 〉

〈 상주와 맞절 〉

〈 부의금 〉

〈 조문 후 〉

조문할 때는 상주와 악수하지 않는다. 휴대전화는 진동, 무음 상태로 하거나 전원을 끄고 통화하지 않는다. 상가에서 큰소리로 떠들거나 웃지 않고, 궂은 일은 도와야 하지만 장례절차 등에 대해 간섭하지 말고 유족의 슬픈 마음을 고려해 말을 많이 시키지 않는다. 본인과 종교의 차이로 상례 절차가 달라도 예를 존중하고 따른다. 조의금은 상주에게 직접 건네지 않고 직접 함에 넣는다. 조의금 봉투는 장례식장에 비치되어 있는 것이 있지만 미리 준비하는 것이 더욱 좋다. 조의금 봉투 앞면에는 부의(賻儀), 근조(謹弔), 추모(追慕), 추도(追悼), 애도(哀悼), 위령(慰靈) 등으로 쓰고 뒷면에는 자신의 이름을 쓴다.

공연장에서

공연장을 방문할 때는 복장에 신경을 써야 한다. 영화를 상영하는 극장은 편안한 옷차림도 무방하지만 뮤지컬, 연극 공연의 경우는 비즈니스 캐주얼 정도의 복장은 갖추는 것이 좋다. 클래식 음악회, 오페라, 발레 등의 전통 클래식 공연 관람의 경우 정장을 입는다. 어떤 공연장에서도 모자를 쓰는 것은 뒷사람의 관람을 방해하는 것이므로 공연장 입장 후에는 착용을 안 하는 것이 좋다. 사람들이 직접 공연하는 오페라, 음악회, 뮤지컬, 연극 등은 공연 시작 20~30분 전에는 도착해야 한다. 공연이 시작한 이후에는 입장이 제한될 수 있으므로 막간(쉬는 시간)을 이용하여 공연장에 들어간다. 공연 시작 전에는 팸플릿이나 프로그램북을 살펴보며 작품의 정보를 알아두면 공연 감상에 도움이 된다. 공연장에서는 지정된 좌석에 착석하고 휴대전화 사용은 금하고 무음으로 해두거나 전원을 꺼둔다. 공연 중 일행과 대화 나누는 것도 삼가는 것이 좋다. 사전에 협의되지 않은 촬영이나 녹음은 금지되어 있으며 영화를 제외한 공연에서는 공연 중 음식물 섭취는 안 된다. 디너쇼와 같은 공연은 예외이다. 공연 시작 전, 중 또는 공연 후 박수로써 청중들이 공연자들에게 환호를 보낼 수 있다. 음악회와 같은 경우는 지휘자와 연주자가 입장할 때, 지휘자가 지휘봉을 완전히 내리고 뒤돌아 인사를 할 때, 연주자가 일어나서 인사를 할 때 큰 박수로 호응을 해준다. 음악 연주가 아직 다 끝나지 않았을 때 박수를 치는 것은 연주자에 대한 결례가 되며, 음악이 끝난 후 정적의 순간까지도 작품의 한 순간으로 감상해야 한다. 오페라 공연 중 가수의 아리아, 발레 무용수의 고난도 무용을 완성했을 때 중간 박수를 치는 것은 괜찮다. 공연 마지막에 커튼콜을 하는 경우는 힘찬 박수로 호응해 주는 것이 좋다.

전시장 또는 박물관에서

전시장이나 박물관에 전시되어 있는 작품들을 감상할 때는 작품 보호를 위해 눈으로만 감상해야 한다. 손을 대거나 너무 가까이 가는 것은 좋지 않다. 작품에 손을 대거나 넘어뜨려서 작품을 훼손하는 경우의 기사를 접할 수 있는데 이런 일이 있어서는 안 된다. 휴대전화는 진동모드로 해두거나 전원을 끄고, 다른 사람에게 방해가 되지 않도록 조용히 감상한다. 작품에 대해 함부로 비평하지 않고 도슨트(작품 해설가)가 있을 경우에는 설명을 들으며 감상할 수 있고 작품을 이해하는 데 도움이 된다. 해외 박물관의 경우 작품 설명을 오디오를 통해 들을 수 있고, 루브르 박물관, 대영박물관 등 몇몇 유명 박물관에서는 한국어 서비스도 지원하고 있다. 사진 촬영이 금지되어 있는 전시장에서는 절대 촬영하지 않는다. 여러 개의 전시관이 있고, 관람객이 많은 경우 진행 방향을 알려주는 화살표를 따라 이동해야 동선이 어긋나지 않고 질서있는 관람을 할 수 있다.

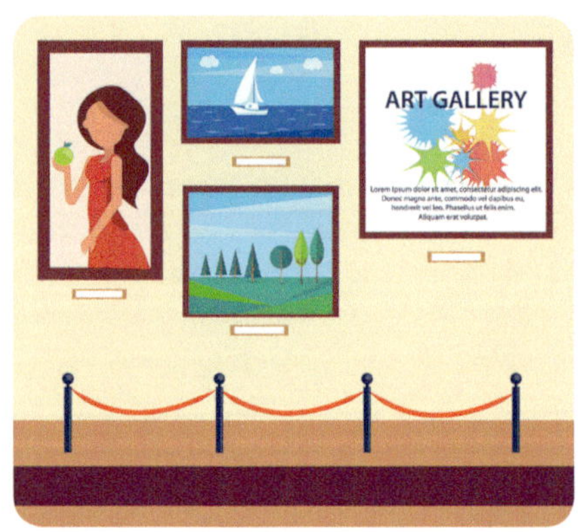

스포츠 경기장에서

스포츠를 관람할 때는 사전에 경기의 규칙과 특징을 알고 가야 경기를 제대로 즐길 수 있다. 자신이 좋아하는 팀을 응원하는 것은 좋지만 상대팀에게 야유를 보내는 행동은 삼간다. 경기 내용이 마음에 안 든다고 물건을 경기장 안으로 던지는 행동은 자제하고 주류는 허용된 곳에서만 가능하다. 골프 경기장에서는 관람객을 갤러리라고 부르는데, 갤러리로 참여할 때 구두, 슬리퍼는 삼가고, 관람 선을 침범하지 않는다. 휴대전화 벨소리, 카메라 촬영하는 소리 등은 선수들의 경기에 방해를 주기 때문에 주의한다. 선수의 스윙이 끝나고 공이 떨어진 곳을 확인한 후 '나이스샷', '굿샷'을 외치고 박수를 치며 응원할 수 있다. 테니스 경기를 관람할 때는 시합 중 소리를 내서 선수를 방해해서는 안 된다. 시합 중 공이 움직일 때 관중은 절대 움직일 수 없으며, 이동하고 싶을 때는 엔드 체인지 시점에 신속히 이동해야 한다. 피겨스케이팅은 경기 중 선수들이 집중할 수 있도록 관중이 침묵을 지켜야 한다. 휴대전화는 무음이나 전원을 꺼두어야 한다. 선수가 고난도의 기술을 성공했을 때 가벼운 박수로 응원을 보낸다. 그리고 경기 중에 관중은 움직일 수 없고 선수의 연기가 끝난 후 움직여야 한다. 선수가 경기를 마친 후 관중에게 인사할 때 박수와 환호를 하면 된다. 꽃이나 인형을 던질 때는 반드시 비닐 포장을 해서 이물질이 얼음판에 떨어져 선수들이 다치지 않도록 해야 한다.

07 Chapter 비즈니스 커뮤니케이션

커뮤니케이션은 일반적으로 의사소통, 의사전달로 표현한다. 서로의 생각, 느낌 등의 정보를 주고받는 일을 말하며 말이나 글, 그 외의 소리, 표정, 몸짓 등의 다양한 수단을 통해 이루어진다. 사람들은 자신의 생각과 감정을 서로 표현하고자 하는데 그 역할을 커뮤니케이션이 한다. 현대 사회는 인간관계를 형성하고 유지하기 위해서 효율적인 커뮤니케이션을 해야 한다. 다양한 사회적 경험과 지위를 가진 사람들이 모여있는 직장은 동일한 내용의 메시지를 전달하더라도 각기 다르게 받아들일 수 있다. 메시지는 주고받는 사람들 간의 상호작용에 따라 다양하게 변형될 수 있다. 현대 디지털 시대의 개인과 기업의 성패는 커뮤니케이션의 능력에 달려있다(Bill Gates)고 해도 과언이 아니다. 원활한 커뮤니케이션은 조직의 성과를 결정하는 핵심기능이므로 커뮤니케이션을 잘하기 위한 방법을 습득하고 능력을 키워나가는 것이 자신의 경쟁력이 될 것이다.

커뮤니케이션(Communication)은 다양한 요소로 구성되어 있고 요소들의 상호작용으로 이루어진다. 발신자(송신자, Sender), 수신자(Receiver), 메시지(Message), 코드화(Encoding), 해독화(Decoding), 경로(Channel), 행동(Response)

과 반응(Feed back)으로 구성되어 있다.

발신자(Sender)는 상대에게 자신의 생각, 정보, 의견 등을 전달하고자 하는 사람을 말한다. 그 전달하고자 하는 내용을 언어, 문자, 몸짓 등으로 바꾼 것을 메시지(Message)라고 하고, 메시지를 받는 사람을 수신자(Receiver)라고 한다. 발신자가 전달하고자 하는 내용들은 언어, 문자, 몸짓, 기호 등의 다양한 형태로 전환하는 과정 부호화(Encoding)를 거치고, 수신자는 부호화 또는 코드화(Encoding)하여 전달된 메시지를 해석하는 해독(Decoding) 과정을 거친다. 이 과정에서 발신자는 수신자에게 메시지를 전달하기 위한 통로나 매체인 경로(Channel)를 선택하게 되고, 채널은 커뮤니케이션의 목적에 따라 선택된다. 수신자는 메시지에 노출된 후 행동(Response)과 다양한 반응(Feed back)을 보이게 된다. 커뮤니케이션은 순환되며 상호 간에 계속적으로 이루어진다. 커뮤니케이션이 이루어지는 상황의 주어진 환경(Environment)에 따라 메시지가 의도하는 바가 잘 이루어질 수도 있고, 왜곡될 수도 있다.

커뮤니케이션 과정에서 방해가 되는 요인들을 잡음(Noise)이라고 하는데 잡음은 물리적 · 심리적 · 정신적 · 의미상 잡음으로 구분할 수 있다. 예를 들어 주변에서 공사 현장의 소음과 같은 물리적 잡음과 발신자와 수신자의 서로 다른 문화적 차이나 가치관의 차이로 인해, 선입견이나 편견으로 심리적 잡음이 작용할 수 있다. 원활한 커뮤니케이션을 하고자 한다면 이러한 장애 요인인 잡음(Noise)를 제거하려는 노력이 필요하다.

커뮤니케이션의 구성 요소	
발신자 (Sender)	메시지를 보내는 사람
수신자 (Receiver)	메시지를 받는 사람
메시지 (Message)	전달하고자 하는 내용을 언어, 문자, 몸짓 등으로 바꾼 것
코드화 (Encoding)	언어, 문자, 몸짓, 기호 등의 다양한 형태로 변환하는 것
해독화 (Decoding)	코드화(Encoding)하여 전달된 메시지를 해석하는 것
경로 (Channel)	메시지를 전달하기 위한 통로나 매체
반응 (Feed back)	메시지에 노출된 후 반응
잡음 (Noise)	메시지를 이해하는 데 방해가 되는 요인

제1절 언어 / 비언어 커뮤니케이션

커뮤니케이션은 전달 수단에 따라 언어 커뮤니케이션(Verbal)과 비언어 커뮤니케이션(Non-verbal Communication)으로 구분할 수 있다. 언어 커뮤니케이션은 의사전달에 가장 일반적으로 사용된다. 언어 커뮤니케이션은 가장 오래된 커뮤니케이션 수단이며 일생에서 75%의 시간을 사용한다고 한다. 언어 커뮤니케이션은 대면 상황에서 전달 속도가 빠르고 신속한 피드백을 받을 수 있는 장점이 있다. 대화를 통해 상대방의 감정이나 반응을 살필 수 있고, 반응에 따라 설득이 가능하기도 하다. 그래서 언어 커뮤니케이션은 고객 응대를 하는 서비스 상황에서 가장 많이 활용되고 서비스 직원과 고객의 언어적 교환은 매우 중요하다.

언어 커뮤니케이션은 구두 커뮤니케이션과 문서 커뮤니케이션으로 구분한다. 구두 커뮤니케이션은 일반적인 대화, 지시, 명령, 회의, 발표, 청취, 면접, 협상, 설득에 사용된다. 쌍방 커뮤니케이션이 가능하다는 장점이 있지만 기록이나 유지가 어렵고 정확성이 떨어질 수 있다는 결점이 있다. 문서 커뮤니케이션은 보고서, 메모, 편지, 매뉴얼, 간행물, 포스터, 소셜 네트워크 발표, 회의, 설득에 사용된다. 중요한 사안의 경우 기록이 필요하고 책임 소재가 분명하므로 더욱 효과적이다. 그러나 일방 커뮤니케이션이 될 수도 있는 단점이 있다.

비언어 커뮤니케이션은 의사소통의 70~90%를 차지할 정도로 많이 이용되고 있다. 가장 대표적인 것이 신체언어(Body Language)이며 언어의 사용 없이 이루어지는 생각이나 감정 전달도 커뮤니케이션에 포함된다. 비언어 커뮤니케이션은 단독으로 또는 언어 커뮤니케이션과 함께 이루어지기도 한다. 비언어 커뮤니케이션의 무의식적으로 일어나는 반응들은 감정과 심리적 정보를 전달하므로 오히려 신뢰성이 높을 수 있다. 신체언어(Body Language)는 표정, 눈맞춤, 고개 끄덕임, 몸의 움직임, 자세 등이 해당된다. 헤어스타일, 복장 상태, 신체적인 매력 등도 신체에서 나오는 외적인 모습으로 비언어 커뮤니케이션에 해당된다. 교통신호나 사이렌, 다양한 기호, 표시 등은 상징언어(Symbolic Language)이고 비언어 커뮤니케이션에 속한다. 사람과 사람 사이의 간격(거리)을 보고 그들의 관계 또는 상황을 예상할 수 있는 근접학(Proxemics) 또는 공간 커뮤니케이션도 비언어 커뮤니케이션에 해당된다. 몸짓, 표정, 목소리의 강세, 속도, 크기, 억양 등은 준언어(Paralanguage)라고 하며 같은 언어의 내용이라도 그 의미는 크게 달라질 수 있다.

공간 커뮤니케이션	
친밀한 거리 (0~45cm)	- 가족, 부모, 연인 등 - 정서적으로 가까운 사람이 그 안으로 들어가는 것이 허락됨
개인적 거리 (45~80cm)	- 손을 뻗으면 닿을 수 있는 정도의 거리 - 격식과 비격식의 관계를 넘나드는 거리 - 사교 모임, 친구 모임, 동아리 모임
사회적 거리 (80~120cm)	- 업무상 미팅이나 공식적인 상호작용을 할 때의 거리
공적인 거리 (120~370cm)	- 대중적 거리 - 대중 앞에 서서 연설하는 경우와 같은 거리

커뮤니케이션이 원활하게 이루어지는 것을 방해하는 요인들은 많다. 이러한 장애요인들을 파악하고 제거하려는 노력을 해야 한다. 커뮤니케이션의 문제가 발생하는 원인을 메시지를 보내는 발신인에게 찾아볼 수 있다. 발신자가 아무런 목적의식 없이 메시지를 전달하려고 하면 명확한 전달이 어렵다. 발신자가 인간관계에서 상호작용이 미숙할 때도 문제가 발생할 수 있다. 발신자가 단어 선택의 미숙함, 전달력 미흡, 화술의 부족, 부정확한 발음과 말투 등으로 인해 메시지의 오류가 발생할 수 있다. 또한 발신자의 주관적인 견해가 편견을 만들 수 있고 수신자가 듣고 싶어하는 것만 전달하고자 할 때도 커뮤니케이션은 명확히 이루어지기 어렵다.

커뮤니케이션의 문제가 발신자에게만 있는 것은 아니다. 수신자에게서도 문제를 찾아볼 수 있다. 수신자가 경청을 하지 않고 메시지에 무관심하거나 아무런 반응을 보이지 않는다면 원활한 커뮤니케이션은 어려워진다. 수신자 개인의 과거 경험으로 인한 오해와 왜곡된 인지로 인해 메시지를 잘못 이해하는 경우도 문제가 될 수 있으며, 수신자가 발신자에 대해 선입견이나 편견을 가지고 있을 때, 신뢰도가 부족할 때도 마찬가지이다. 이러한 다양한 방해 요인들을 제거해 나가려는 노력이 있을 때 명확하고 원활한 커뮤니케이션이 이루어질 수 있다.

특히 경청은 커뮤니케이션을 효과적으로 만들어주는 매우 중요한 역할을 한다. 그냥 듣고 있는 것은 경청이 아니다. 경청을 하기 위해서는 주변의 잡음을 제거하고 발신자의 메시지에 집중해야 한다. 발신자를 비판하거나 비난하려고 하지 말고 동의할 수 있는 부분을 찾으려는 노력이 필요하다. 수신자 본인의 경험과 비교하지 말고 인내심을 가지고 끝까지 들어주며 적극적으로 질문을 하며 경청하는 모습을 보여주는 것도 좋다. 경청을 위한 다양한 기법들도 있으니 표를 참고한다.

경청의 기법	
1·2·3 경청기법	1번 말하고, 상대의 말을 2번 들어주고, 3번 공감하며 대화한다.
B.M.W. 경청기법	- Body(자세) : 표정, 눈빛, 자세, 움직임을 상대에게 기울인다. - Mood(분위기) : 말투, 음정, 음색, 말의 속도, 높낮이를 고려한다. - Word(말의 내용) : 상대를 존중하고 상대가 원하는 것이 무엇인지 집중하여 듣는다.

커뮤니케이션을 효과적으로 하기 위해서는 말하기도 중요하다. 의사소통을 할 때 어떤 방식으로 말을 하는가에 따라서 분위기가 즐거워질 수 있고 목적을 이루기 위한 방향으로 유도하기도 쉬워진다. 상황에 따라 다양한 대화법을 이용해본다.

대화법	
긍정 화법	- 긍정적인 부분을 중심으로 말을 하는 것
쿠션 화법	- 상대방의 감정이 상하는 것을 최소화하는 화법 - 실례합니다만, 괜찮으시다면~, 죄송합니다만~, 말씀 중에 죄송합니다만~
레이어드 화법 (청유형 화법)	- 상대방의 의견을 구하는 표현으로 말하는 방법 - 조금만 기다리세요. ➡ 조금만 기다려 주시겠습니까? 안전벨트 매세요. ➡ 안전벨트 매 주시겠습니까?
신뢰 화법	- 상대방에게 신뢰를 줄 수 있는 화법 - 정중한 화법(다까체) 70% : ~입니다. ~입니까? 부드러운 화법(요조체) 30% : ~에요. ~죠?
PREP 화법	- P (Point, 주장) : 우선 결론을 간단하고 명료하게 말한다. - R (Reason, 이유) : 결론을 뒷받침해 줄 수 있는 근거를 제시한다. - E (Examlpe, 예) : 관련 사례를 제시한다. - P (Point, 주장) : 다시 결론을 강조하며 맺는다.

Yes, But 화법	– 상대의 의견에 반대할 때, 간접적으로 상대방 입장을 고려하여 먼저 상대의 의견을 수용하고 긍정한 후 자신의 의견과 생각을 말하는 것 – 네, 맞습니다. 그러나 제 생각에는 ~
I Message 화법	– 주어가 나로 시작하는 문장으로 표현 – '나'를 주어로 대화를 시작한다면 개방적이고 솔직하다는 느낌을 전달할 수 있음
아론슨 화법	– 부정적인 내용을 먼저 말하고 긍정적인 내용으로 대화를 마감하는 것 – 품질은 좋은데 가격이 비싸요. ➡ 가격은 비싸지만 품질은 좋네요.

제2절 감성 커뮤니케이션

현대 사회에서는 개인의 지능지수(IQ; Intelligence Quotient)뿐만 아니라 감성지수(EQ; Emotional Quotient) 즉, 감성 정보 처리 능력 수준도 요구한다. 감성지수란, 자신의 한계점과 가능성을 객관적으로 판단하고 자신의 감정을 잘 조절하여 상대방을 이해하고 좋은 인간관계를 유지할 수 있도록 하는 능력을 의미한다. 기업들은 조직 내 구성원들에게 요구되는 행동이나 업무 수행 관점에서 과거의 이성중심적 사회에서 점차 감성중심으로 변화하고 있다. 이성적이고 기술적인 부분을 강조하다가 문제들이 발생하자 이를 해결하기 위한 방안으로 개인의 감성적인 부분에 관심을 가지게 되었다. 사회의 조직 안에서 적극적으로 자신의 업무에 임하면서도 조직의 구성원들과 상호 존중하며 높은 업무 성과를 창출하기를 바라는 사회와 기업들의 열망으로 감성지능이 부각되고 있다.

감성 커뮤니케이션을 원활히 하기 위해서 자신이 느끼는 감정들을 적어 나가며 어떤 감정 상태인지 인식해 나가고 그 감정을 표현할 때와 그렇지 않을 때를 구분한다. 감정 그대로를 바로 표출하는 것이 아니라 행동하기 전에 먼저 생각하고 판단하여 감정을 조절하여 표현한다. 또한 감정상태를 긍정적으로 유지하기 위해 스트레스를 관리하는 등의 노력을 하고 동시에 타인에 대한 정보와 상황을 파악하여 타인의 감정을 공감하려는 노력을 한다. 이러한 과정들을 통해 갈등 상황이 발생했을 때 문제해결능력을 가지게 되고 원만한 대인관계를 유지할 수 있게 된다. 지식이나 정보의 전달만이 커뮤니케이션이 아니라 감성의 전달도 커뮤니케이션이다. 감성을 어떻게 조절하고 표현하는가에 따라 인간관계와 사회생활이 달라질 수 있다. 고객 응대 시 감정 소모를 많이 하게 되면서 힘들어하는 서비스 직원들은 감정을 조절하여 상대를 이해하고 상황에 적절한 감정을 표현할 수 있는 능력을 키우려는 노력이 필요하다.

제3절 통신 매너

커뮤니케이션은 직접 대면 방법 이외에도 다양한 통신매체를 통해 공적 · 사적인 용도로 이루어지고 있다. 상황별, 도구별 효과적인 커뮤니케이션을 하기 위한 방법을 파악하고 단순한 정보 전달이 아닌, 자기 관리의 수단으로 활용해야 한다.

1) 전화 매너

전화는 서로의 모습을 볼 수 없고 목소리로만 내용이 전달되기 때문에 더욱 정중하고 공손하게 응대해야 하며, 더욱 명확하게 전달하기 위해 노력해야 한다. 서로의 모습을 보지 못하지만 통화 당시의 분위기와 느낌이 그대로 전달되므로 밝고 친절하게 응대해야 한다. 밝고 친절하며 정중하고 공손한 느낌을 전달하기 위한 가장 효과적인 방법은 표정 관리이다. 목소리의 질을 결정하는 것이 바로 표정이기 때문인데 전화 응대를 할 때는 친절한 마음과 태도를 표현하는 가장 기본인 밝은 미소를 떤 표정을 짓는다. 업무 관련 전화 통화 시 긍정적이고 적극적인 마인드와 자신감을 가지고 응대해야 하며, 개인의 전화 한 통이 기업의 이미지를 대표한다는 의식을 가지고 있어야 한다.

전화응대를 할 때는 '신속, 정확, 친절'의 기본원칙을 기억하며 응대한다. 즉 전화벨이 3회 이상 울리기 전에 받고, 내용은 정확하게 전달한다. 밝은 목소리와 정확한 발음으로 말하고, 말의 속도를 조절하고 강조할 부분에

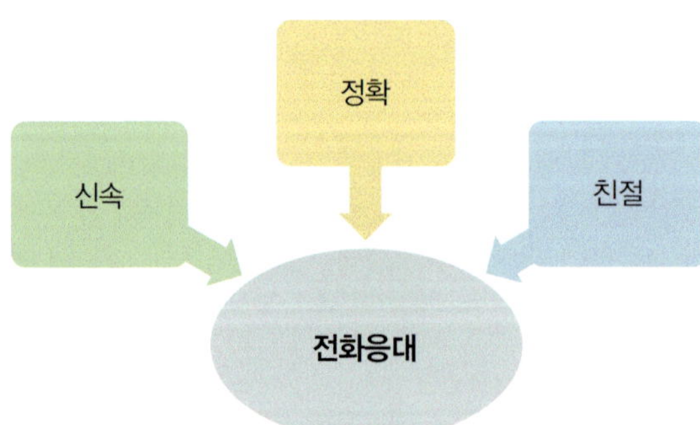

[그림 7-1] 전화응대 3요소

는 강세를 둔다. 말끝을 흐리지 말고 명료하게 맺고, 상대가 이해하기 쉬운 용어를 사용한다. 그리고 항상 친절하게 응대한다.

전화를 상대방에게 걸기 전, 전달할 용건을 정리하여 메모한다. 그리고 상대방이 전화를 받을 수 있는 시간대인지 확인한다. 너무 이른 시간이나 너무 늦은 시간에 전화를 걸거나 월요일 오전, 금요일 오후는 가급적 전화를 자제하는 것이 좋다. 전화를 걸고 상대방이 전화를 받으면 상대를 확인하고 자신의 소속과 이름을 밝힌다. 용건이 있는 부서의 해당자를 밝히고 통화를 요청한다. 용건을 명확히 정리하고 결론부터 말하여 통화를 간결하게 마친다. 만약 지명한 사람이 부재중인 경우 메모를 부탁하거나 자리로 돌아오는 시간을 문의하여 다시 전화한다. 통화를 종료할 때 끝인사를 하고 상대가 전화를 끊으면 끊는다.

근무 중 전화벨이 울리면 벨이 3회 이상 울리기 전에 받는다. 만약 3회 이상 벨이 울린 이후에 전화를 받았을 경우 "늦게 받아 죄송합니다."라고 전화를 받는다. 전화를 받으면 왼손으로 잡고 오른손으로는 메모할 준비를 한다. 전화를 받으면 가장 먼저 인사말과 함께 자신의 소속과 이름을 밝힌다. 전화 건 상대와 용건을 확인한다. 지명인이 통화가 가능한 경우 내선 번호를 이용해 전화를 연결한다. 이때 "잠시만 기다려 주십시오. 연결해 드리겠습니다. 만약 전화가 끊어지면 OOOO번(내선번호)으로 걸어주시면 됩니다."라고 말하고 연결한 후 연결된 것을 확인하고 수화기를 내려 놓는다. 만약 상대가 찾는 사람이 부재중인 경우 메모를 남기거나 대행자를 소개한다. 메모 내용은 전화 건 사람, 전화 온 시각, 용건, 회신 여부 요청, 전화 메모를 전달하는 사람의 이름까지 자세하게 기입하여 해당자에게 전달한다. 상대가 찾는 사람이 통화 중이라면, 양해를 구하고 기다리실지 통화 직후 전화를 드릴지 여쭈어본다. 부재중인 사람의 휴대전화 번호를 묻는 경우 개인 정보이므로 임의로 전달하지 않도록 유의한다. 통화를 종료할 때 끝인사를 하고 상대가 전화를 끊은 것을 확인하고 끊는다.

사무실 전화뿐만 아니라 휴대전화 사용에도 에티켓과 매너가 있다. 집 밖을 나오면 진동으로 해두는 것을 습관화한다. 휴대전화를 사용할 때에도 상대의 생활시간을 고려하여 전화나 문자를 한다. 너무 이른 시간이나 너무 늦은 시간에 전화를 거는 것은 매우 실례이다. 수업 시간에는 휴대전화의 전원을 끄고, 꺼내 놓지 않는다. 회의 시간, 상담 시간에는 휴대전화를 무음이나 진동 또는 전원을 끄고 꺼내 놓지 않는다. 극장, 공연장에서 공연 중에는 휴대전화를 무음이나 진동 또는 전원을 끈다. 대중교통 이용할 때나 주변에 사람들이 많은 장소에서는 통화하지 않거나 조용한 소리로 신속히 통화를 마친다. 항공기 내, 병원 내에서는 각종 전자기기 사용에 오류를 발생시킬 우려가 있으므로 통화를 하지 않는다. 업무상 문자를 사용할 때에 이모티콘을 사용하지 않도록 하고, 속어나 은어 등의 사용은 자제하고,

정중한 문구를 사용한다. 장례식이나 조문 시에는 고인과 상주에 대한 결례이므로 가급적 휴대전화 사용을 자제한다. 상대의 허락 없이 녹음하거나 녹화를 해서는 안 된다.

2) 이메일 매너

직장에서는 업무적 이메일을 매우 자주 사용하고 휴대전화를 이용하여 이메일을 확인할 수 있어서 이메일 사용이 더욱 편리해졌다. 이메일은 문자나 SNS에 비하여 공식적이고 격식을 갖춘 느낌을 준다. 본문 내용에 많은 수의 글자를 적을 수 있고, 서류 형식을 갖출 수도 있다. 또한 내용이 많은 경우 파일 형태로 전송할 수 있으므로 비즈니스에 활용하기에 매우 적합한 형태이다. 휴대전화로 전송한 파일의 경우 일정 기간이 지나면 확인이 어렵지만 이메일은 확인이 가능하므로 분실한 서류를 다시 확인할 수 있는 장점도 있다. 또한 무료로 사용할 수 있고 전 세계 어디든 전송이 가능하며 다수의 대상에게 동시에 전송할 수 있는 장점이 있다. 또한 참조, 숨은 참조, 첨부, 답신 등의 다양한 기능이 있어서 필요에 따라 사용이 편리하다. 반면 취약한 보안, 정보 유출의 가능성도 배제할 수는 없다. 그리고 이메일 발송 버튼을 누르고 나면 돌이키기 어렵다. 동일 사이트 내의 전송에 한해서만 발송 취소가 가능하고 상대가 읽기 전에만 가능하다. 상대가 이메일을 읽었다면 취소하기에는 늦었다. 발송 전에 다시 한번 내용을 확인해 보는 것이 꼭 필요하다. 이메일을 사용하지 않는 사람들의 이유를 보면 스팸메일이 너무 많이 오기 때문이라고 한다. 업무적으로 이메일을 사용해야 하므로, 출근하면 이메일을 확인하고 스팸메일 삭제, 업무용 이메일 정리 작업을 하여 자료들을 종류별로 구분 · 저장하여 DB를 구축하는 작업이 필요하다.

이메일을 작성할 때는 격식과 형식을 갖추도록 한다. 이메일을 작성하여 상대에게 발송할 때 제목은 매우 중요한 역할을 한다. 일반적인 안녕하세요 등과 같은 제목은 스팸 메일로 오인되어 상대방이 열어보지도 않고 삭제할 가능성이 크다. 제목만 봐도 그 내용을 미루어 짐작할 수 있게끔 하는 것이 효율적이다. 간결하고 핵심적인 문구로 간단명료하게 제목을 작성하여 보내면 추후 메일을 찾을 때도 손쉽게 찾을 수 있다. 발신인(메일 보내는 사람)의 이름을 닉네임으로 발송하면 상대방이 스팸으로 오인할 수도 있고 중요하지 않은 것으로 판단할 수도 있다. 또는 매우 가벼운 인상을 줄 수 있으므로 업무적인 경우 실명을 사용하는 것이 바람직하다.

메일을 발송할 때 수신인(메일 받는 사람)을 한 명으로 지정할 수도 있지만 동시에 여러 명에게 발송할 수도 있어서 편리하다. 이때 수신인은 어떤 사람들이 나와 함께 이메일을 받는지 확인이 가능하다. 이메일에는 참조와 숨은 참조 기능이 있어서 업무적으로 상황에 따라 활용한다. 해당 메일의 수신자가 있어도 함께 내용을 공유해야 하는 사람을 참조에 올리면 된다. 예를 들어 거래처 대표에게 업무 관련 이메일을 보내는데, 참조에 대표의 비서 이메일 주소를 기입하면 대표의 비서도 대표가 동 메일을 수신했다는 것을 알게 되고 내용도 공유할 수 있게 되는 것이다. 이때 수신인과 참조인은 서로 이름을 확인할 수 있다. 그러나 수신인이 참조인의 이름을 확인하지 않기를 바란다면, 숨은 참조를 활용한다. 메일이 동시에 발송되지만 받는 사람은 숨은 참조인 여부를 확인할 수 없다.

이메일의 본문 내용을 적을 때 편지의 형식과 서류의 형식을 갖추도록 한다. 도입부와 본론 끝인사, 발신자명, 첨부파일 등의 순서를 확인한다. 도입부에서는 '안녕하십니까'라는 인사보다 수신인의 이름을 언급해주는 것이 좋다. 성의 있어 보이고 수신자임을 확인시켜줄 수 있다. 시작은 가벼운 안부인사 한 줄 정도 적고 본론으로 들어간다. 본론은 서류 형식을 갖추는 것도 보기에 편하다. 내용이 많을 경우 해당 파일을 첨부로 보내면 된다. 글을 작성할 때 문장이 끝나거나 내용이 바뀔 때 줄 바꿈을 해주는 것이 가독성을 높이는 방법이다. 업무적인 이메일에 이모티콘을 사용하지 않는다. 내용을 간결하게 정리하여 작성하고 마무리는 끝인사로 한다. 마지막에 발신인의 실명과 회사명, 직급, 연락처 등의 사항을 명기하면 발신인이 메일 내용을 확인하자마자 연락을 취하기 쉬워진다. 회사용 이메일 편지지 양식을 운영하기도 하고 명함을 사용하여 서명할 수 있다. 발신자명으로 마무리하되 이름 뒤에는 '배상', '드림', '올림' 등으로 표기한다.

첨부 기능을 사용할 때는 파일명을 간결하면서도 내용을 예상할 수 있도록 지정하여 발송한다. 또한 본문 내용에 파일을 첨부한다는 사실을 기입하는 것이 좋다. 발송 전에는 첨부파일 첨부하는 것을 잊지는 않았는지 다시 한번 확인한다.

받는 사람 : 이정재 부장님(산삼기업)
참 조 : 김수현 과장님(산삼기업), 유재필 과장님(산삼기업)
숨은 참조 : 오로라 부장님(홍삼물산)
보내는 사람 : 허재필 과장(홍삼물산)
제목 : 사업 추진 전략 회의 개최
파일첨부 : 1) 사업 추진 전략 회의 일정표 / 2) 전략 방안 자료

이정재 부장님, 안녕하십니까.
그동안 건강하셨습니까. 항상 따뜻한 격려와 관심에 감사드립니다.

다름 아니오라 2022년도 산삼기업과 홍삼물산의 공동 사업 추진을 위한 전략 방안 수립 회의를 아래와 같이 개최하여 안내드립니다.

– 다 음 –

1. 일 시 : 2022년 05월 09일(월) 오전 09시~오후 12시
2. 장 소 : 홍삼물산 본사 10층 대회의실
3. 의 제 : 공동 사업 추진 전략 방안 수립
4. 회의내용 : 공통 기반 및 탑재 응용 시스템 사업자 간 상호 운영 협약 체결 및 방안 논의

본 회의에 참석해 주시기 바라며 참석이 어려우시면 5월 6일(금)까지 담당자(이소영 사원, 02-300-1111, sylee@honsam.com)에게 연락 주시기 바랍니다.

산삼기업의 발전과 가정에 행복이 늘 함께 하시길 기원합니다.
회의 당일에 뵙겠습니다.
감사합니다.

허재필 과장 드림
02-300-2222 / 010-111-1234
홍삼물산 총무부

수신인은 메일을 확인하면 신속히 답신을 보내준다. 기한이 많이 남았거나 시간이 좀 필요한 경우 메일을 확인했다는 간단한 내용의 답글이라도 보낸다. 이때 'Re:' 기능을 이용하면 편리하다. 발신인에게 바로 답신을 보낼 수 있고, 메일을 받는 사람은 제목에 'Re:' 표시가 되어 있으므로 어떤 내용에 대한 답신인지 제목만 보고도 확인할 수 있다. 그러나 본문 내용과 관련이 없는 내용을 발송할 때 이 기능을 사용하면 성의없어 보이므로 새롭게 이메일을 작성한다.

3) SNS 매너

SNS는 Social Network Service의 약자이다. 커뮤니케이션의 대상과 범위가 전 세계적으로 확대되어 업무적으로 활용하기도 하지만 개인적인 활용도 매우 높다. 불특정 다수를 상대로 유튜브 채널을 통해 개인방송을 하는 경우도 많아졌고, 페이스북, 인스타그램, 틱톡, 카카오톡, 라인 등과 같은 다양한 앱을 통해 커뮤니케이션 하기도 한다. 자신의 지식, 정보 등은 물론 개인적인 일상까지 알릴 수 있는 시스템과 네트워크 기반이 구축되었다. 주의해야 할 점은 개인의 일상적인 부분을 공개하는 것에 좀 더 신중하게 접근해야 한다는 것이다. 개인정보가 무방비 상태로 노출될 수 있기 때문이다. SNS를 통한 커뮤니케이션에서 무분별하게 내용을 업로드하는 것과 상대를 공격하거나 악의적인 댓글로 상처를 주는 일은 삼가야 한다. SNS 활동은 시간이 흐르면 그것이 자신의 스토리이고 역사가 된다는 것을 유념하여야 한다. 최근 미국에서는 기업에서 직원 채용 때 자기소개서나 에세이를 제출하도록 했던 것을 자신의 SNS 주소 제출로 대체하는 경우가 늘어나고 있다. SNS 활동을 살펴보면 그 사람의 가치관, 생활방식, 역량 등을 점검할 수 있기 때문이다.

기업들은 홍보마케팅을 목적으로 다양한 SNS를 적극적으로 활용하고 있지만, 해당 기업의 직원들이 사적으로 기업과 연계된 이미지나 사적인 생활을 공개하여 개인뿐만 아니라 기업의 이미지도 함께 실추시키는 경우도 있다. 제3자의 동의를 구하지 않고 SNS상에 공개하여 법적인 문제로 발전되기도 한다. SNS를 긍정적으로 활용하는 것은 매우 고무적이지만 사적인 부분이나 허가를 득하지 않은 것을 공개하는 부분은 주의를 기울여야 함을 주지해야 한다.

PART Ⅲ
글로벌 매너

08

Chapter

항공 여행 매너

해외 여행이 자유롭고 해외 출장도 많은 시대인 만큼 항공기를 이용한 여행이 급속도로 증가하였다. 최근 전 세계적인 코로나 팬데믹으로 인해 항공 여행 추세가 감소하기는 하였으나 국내선의 경우 많은 회복세를 보였고, 팬데믹이 진정되면 다시 항공 여행 수요가 급증할 것으로 예상된다. 항공기 내에서는 많은 사람들이 제한된 공간에서 함께 이동해야 하므로 상호간에 에티켓을 지키고 좋은 매너를 보여주지 않으면 기내에서의 시간이 괴로워진다. 즐거운 항공 여행이 되기 위해서 개개인의 노력이 필요하다.

제1절 여행 준비

해외로의 여행이 계획되면 우선 준비해야 할 것은 여권이다. 여권은 여행자의 국적과 신분을 증명하는 증명서이므로 반드시 준비해야 한다. 해외여행의 결격사유가 없다면 대한민국 국민은 모두 여권을 발급받을 수 있다. 여행목적에 따라 단수여권과 복수여권으로 구분되며 사용 유효 기간이

다르므로 필요에 따라 종류를 선택한다. 여권이 있는 여행자들이라도 모든 국가에 입국할 수 있는 것은 아니다. 국가에 따라 비자를 발급받아 소지한 사람만 입국이 가능하다. 국가 간의 비자 면제 협정에 따라 별도의 비자를 발급받지 않아도 입국이 가능한 국가도 있지만 여행목적이나 체류기간에 따라 다른 종류의 비자를 발급받아야 하므로 여행 전에 목적지 국가가 비자를 필요로 하는지 확인해야 한다.

제2절 공항에서

여행 일정이 정해지면 항공권을 예매한다. 항공사별 제공하는 서비스가 다양하므로 확인하고 서비스를 이용하는 것을 추천한다. 출국 당일 공항에는 비행기 출발 2시간 전에 도착해야 수속을 여유있게 마칠 수 있다. 공항이 혼잡할 수 있으므로 공공질서를 잘 지켜야 한다.

기내에 반입할 수 있는 휴대수하물과 위탁수하물로 처리할 물품을 분류한다. 기내 반입이 금지된 물품을 미리 확인하고 분류해 놓아야 출국수속에 차질이 없다. 100ml 이상의 용기에 담긴 액체류나 젤류 물품은 기내로 반입할 수 없다. 100ml 이하 용기에 담긴 액체류나 젤류를 1L 투명 비닐 지퍼백에 모두 담아 지퍼가 닫힌 상태여야 기내 반입이 가능하다. 면세점에서 구입한 물품 중 '액체물 면세품 전용 봉투'에 넣어 밀봉한 상태는 용량에 상관없이 기내 반입이 허용된다.

또한 창, 도검류와 같은 뾰족하고 날카로운 물품이나 인화성 물질 등 위험한 물품도 기내 반입이 불가하다. 전자충격기, 총기류, 공구류, 리튬이온 배터리 등도 기내반입이 불가하고 이런 물품들은 위탁수하물로 처리한다. 여행가방 삼면의 합이 115cm(가로×세로×높이) 이상 되는 경우도 반입이 불가하니 위탁수하물로 처리한다. 좌석 등급에 따라 휴대할 수 있는 가방의 개수도 제한되어 있고, 무료 위탁수하물 허용량도 차이가 있으므로 여행가방을 준비하기 전에 확인해야 한다.

제3절 기내에서

항공기 출발 30분 전에 기내 탑승이 시작된다. 탑승이 시작되기 전에 해당 게이트 앞으로 가서 대기하고 탑승이 시작되면 여권과 탑승권을 직원에게 보여주고 입장한다. 항공기 내로 들어갈 때 객실승무원에게 다시 한번 탑승권을 보여주고 해당 좌석에 착석한다. 정해진 좌석에 착석하고 임의로 좌석을 변경하지 않는다. 좌석변경을 원할 때는 승무원에게 말하고 도움을 요청한다. 휴대수하물은 머리 위 선반에 보관하고 무겁거나 깨지기 쉬운 물건은 좌석 앞 하단에 보관한다.

승무원의 도움이 필요할 때는 큰 소리로 부르지 말고, 좌석에 있는 호출 버튼을 누른다. 비행 중 좌석에 앉으면 언제나 좌석벨트를 착용하고 이착륙 시와 식사 시간에는 등받이를 세운다. 좌석 등받이를 뒤로 눕힐 때는 뒷사람의 상황을 살펴본 뒤 적절한 각도로 눕히고 너무 많이 눕혀서 뒷사람이 불쾌함을 느끼지 않도록 한다.

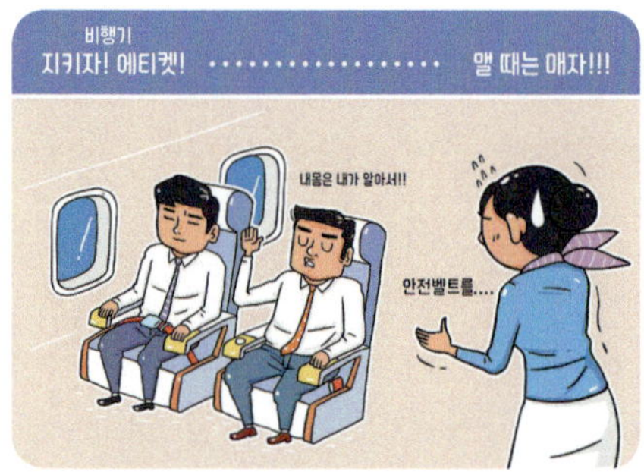

맨발인 상태로 앉아있거나 기내를 돌아다니는 것은 금물이다. 발이 부어 힘들다면 기내용 슬리퍼를 준비하여 신는다. 불편하다고 앞좌석 팔걸이에 발을 올려놓아 다른 사람들에게 불쾌감을 주지 않는다. 다른 사람의 좌석 머리 부분이나 팔걸이를 함부로 붙잡지 않는다. 다른 사람들에게 방해가 될 정도로 시끄럽게 떠들거나 모여있지 말고, 자신의 아이가 통제가 안 될 때는 방치하면 안 되고 주의를 준다.

승무원이 기내에서 음료 및 식사 서비스를 하고 있는 동안에는 서비스 진행에 방해가 되므로 이동하지 않는다. 알코올 음료는 지상에 비해서 더욱 빨리 취하므로 조금만 섭취한다.

기내에서는 항상 금연해야 하고 만약 기내에서 흡연하다 적발되면 항공법에 의해 처벌받는다. 기내 화장실은 깨끗이 사용한다. 손을 씻은 후 종이 핸드타월로 손을 닦고 사용한 핸드타월로 세면대의 물기를 닦아준다.

기내 비치품(담요, 헤드폰, 잡지, 화장품 등)은 가져가지 않고 사용 후 반납한다. 안전하고 편안한 항공 여행을 위해 승무원의 지시에 잘 따른다.

Chapter 09

호텔 이용 매너

여행이나 출장을 위해 항공권을 예약할 때 여정에 맞추어 호텔 예약도 함께 한다. 항공편을 이용하여 목적지에 도착하는 경우에는 항공편명을 알려주고 여정에 변경이 발생하면 호텔측에 연락해서 알려야 한다. 호텔은 각국의 많은 사람들이 머무는 공간이므로 상호 간의 예의를 지켜야 한다.

호텔에 도착하면 체크인(Check-in)을 하고 호텔 투숙을 마치고 나올 때는 체크아웃(Check-out)을 한다. 체크인과 체크아웃은 호텔 로비에 위치한 프론트 데스크에서 한다. 일반적으로 체크인은 오후 2시경에 가능하다. 비행 일정으로 체크인 시간보다 일찍 도착한 경우, 짐을 호텔에 맡기고 일을 본 후 체크인 시간에 맞춰 돌아와서 체크인을 하면 된다. 예약을 한 경우 이름을 말하고 여권을 보여준 후 숙박카드를 작성한다. 숙박카드 작성 완료 후 객실을 배정받고 룸키를 받는다. 체크아웃은 낮 12시 전후에 이루어진다. 모든 짐을 가지고 나와 객실 키를 반납하고 사용한 내역에 대해 지불한다. 체크아웃 시간을 넘기면 추가 요금을 지불해야 하므로 주의한다. 체크인을 마치면 벨맨(Bell Man)이 짐을 해당 객실까지 옮겨 준다. 거절하게 되면 이들의 역할을 무시하는 행동일 수 있으니 감사하다는 말과 함께 팁을 지불한다.

객실문을 열고 들어가서 문 옆 벽면에 열쇠를 꽂아두는 곳에 룸키를 두어야 객실 내의 전원이 들어온다. 외출 시에는 키를 뽑아 가지고 나온다. 객실의 구성은 다양한데, 1인용 싱글 침대가 1개 있고 1인이 사용하는 룸은 싱글베드룸, 2인용 침대가 1개 있고 2인이 사용하는 룸은 더블베드룸, 1인용 또는 2인용 침대가 2개 있는 룸은 트윈베드룸이다. 이 외에도 일반 객실보다 크고 침실, 응접실 등이 구분되어 있는 스위트룸이 있는데 특실이므로 규모에 따라 고가의 가격을 지불해야 한다. 사용 인원과 목적에 맞춰 적당한 룸을 예약하여 사용할 수 있다.

귀중품은 분실 우려가 있으므로 귀중품 보관함(Safety Box)을 사용한다. 객실 옷장 안에 비치되어 있는 경우가 많다. 사용 시 비밀번호를 새로 지정할 수 있고 무료로 사용할 수 있는 경우가 대부분이다. 단, 체크아웃 시 안에 있는 물건을 다 빼고 정리하는 것을 잊으면 안 된다.

대부분의 호텔에서 침대의 시트는 청결함을 강조하기 위해 흰색을 사용한다. 그러나 시트가 심하게 오염되면 세탁이 어려워져 세탁비용을 부담해야 하는 경우가 발생하므로 침대 위에서 음식을 먹는 등의 행동은 삼간다. 욕실의 경우 우리의 구조와 서양식 구조가 다른 점이 있는데, 욕실 바닥에 물이 빠지는 배수구가 없는 경우가 많다. 그러므로 샤워할 때 욕조에 있는 샤워 커튼을 반드시 사용해야 한다. 주의할 점은 커튼 아래 끝부분이 욕조 안쪽으로 들어오게끔 해야 한다는 것이다. 커튼이 욕조 밖으로 되어 있으면 물이 모두 욕조 밖으로 떨어져 욕실에 물이 넘쳐서 객실 내의 카페트가 다 젖을 수 있다. 또한 욕실에는 다양한 크기의 수건이 준비되어 있다. 가장 큰 수건은 목욕용 수건이고, 일반 크기는 얼굴용, 손수건 크기의 수건은 핸드타월로 손을 닦거나 선반과 세면대 등의 물기를 닦는 용도로 사용한다. 또한 욕조에 걸쳐져 있거나 샤워부스 근처에 있는 수건은 발매트이다. 샤워 후 발이 닿는 바닥에 깔아 두면 된다. 타월은 용도에 맞게 사용하고 재사용하는 타월은 타월걸이에 걸어두고 교체를 원하면 사용 후 욕조에 넣어둔다. 욕조가 있는 경우 욕조 안에 고무매트가 있는데 미끄러움을 방지하기 위한 것이므로 본인의 안전을 위해 욕조 바닥에 깔고 샤워한다.

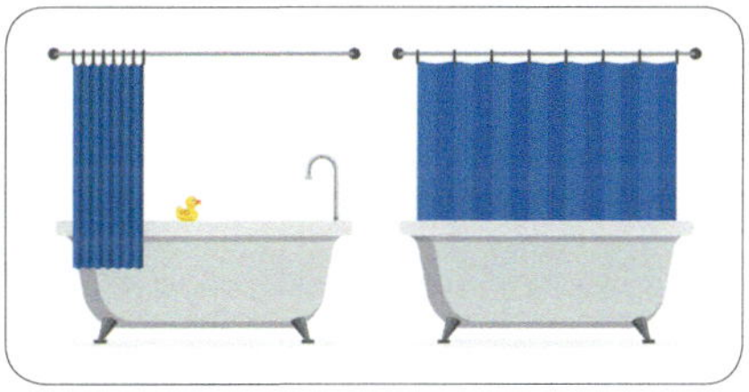

냉장고 안과 주변에 음료와 주류, 안주류가 비치되어 있다. 이 물품들은 유료이며 계산서가 미니바 옆에 있으니 확인할 수 있다. 사용한 물품의 수량을 직접 계산서에 체크하고 체크아웃 시 보여주고 비용을 지불한다. 객실 내에 생수가 있는 경우 Complimentary라고 적혀있는 경우는 무료이나, 표식이 안 되어 있거나 가격표가 있는 경우는 유료이므로 확인하고 마신다.

그 외에 물을 끓일 수 있는 핫컵과 커피와 차가 준비되어 있는 경우는 대부분 무료로 제공된다. 또한 책상에 편지 봉투, 편지지, 엽서, 볼펜 등의 문구류가 있어서 무료로 사용 가능하다. 욕실 내의 샴푸, 로션 등도 무상 제공되는 경우가 많이 있다.

객실 청소 등으로 방해받고 싶지 않을 때 'Do not disturb'라고 적힌 종이 걸이를 방문 밖 문고리에 걸어두거나, 전자식의 경우 'Do not disturb' 버튼을 누르면 된다. 외출 시 객실의 청소를 원한다면 'Make up room, Please' 종이 걸이를 방문 밖 문고리에 걸어두거나 전자식 버튼을 누르면 된다.

세탁 서비스(Laundry)를 원할 때는 옷장 안에 있는 세탁물용 비닐주머니에 세탁물을 넣은 후 의뢰서에 내용을 기입하고 전화를 하면 직접 가지러 온다. 세탁이 다 된 경우 다시 가져다주고 유료로 사용이 가능하다.

호텔 내에 다양한 부대시설이 있으므로 유료 또는 무료로 사용이 가능하다. 컨시어지(Concierge)는 호텔 내에서의 안내인 역할을 한다. 현지에 관련된 정보를 얻을 수도 있고, 지도를 받을 수 있으며, 다양한 문의를 할 수 있고 도움을 받을 수 있다. 카운터는 호텔 로비 또는 주 출입구 주변에 위치해 있다. 컴퓨터 사용, 복사, 팩스, 회의 등의 사무업무를 위한 공간도 있는데 비즈니스센터(Business Center)이다. 유료로 사용할 수 있는 곳이 대부분이다. 그 외에도 다양한 레스토랑이 있어서 조식 뷔페를 비롯하여 원하는 식사를 할 수 있고, 룸서비스를 이용할 수도 있다. 비용은 체크아웃 때 한번에 결제할 수 있다. 또한 수영장, 운동시설, 미용실, 사우나 등의 다양한 부대시설이 마련되어 있다. 호텔 내에서 와이파이를 사용하고 싶다면 체크인 시 문의하면 된다. 사용 비밀번호를 운영하며 해외에서는 유료인 경우가 많다.

호텔은 개인 집이 아닌 세계 각국의 많은 사람들이 각자의 목적과 다른 스케줄로 이용하는 곳이라는 것을 유념해야 한다. 또한 객실 내에서, 복도에서, 로비에서 시끄럽게 떠들어서 다른 객실에 피해를 주면 안 된다. 객실 밖으로 나올 때 잠옷 차림이나 객실용 슬리퍼를 신고 다니지 않도록 한다. 레스토랑을 이용할 때는 차림을 단정하게 한다. 객실 내에서는 일반적으로 취식이 금지되어 있으니 유의한다.

10
Chapter

서양 식사 매너

서구 사회의 식사는 문화와 사교의 형태로 정착되어 있고 글로벌 시대에서 서양식 테이블 매너는 비즈니스의 중요한 부분이며 식사 예절은 그 사람의 교양 정도를 파악할 수 있다. 그러나 우리 식문화와 상당히 다르기 때문에 실수를 하는 경우가 많다. 서양식 테이블 매너를 습득하여 세련된 테이블 매너를 갖추어야 한다. 우리나라의 식문화 예절을 포함하여 다른 문화권의 식사 문화와 예절을 알고 좋은 이미지를 전달하는 것은 업무적 성과로 이어질 수 있기 때문이다.

식사를 하기 위해서는 사전 예약이 필수적이다. 다양한 형태의 모임을 위한 레스토랑은 모임의 목적, 인원수, 레스토랑의 위생 상태, 주차시설, 수용 인원, 메뉴, 친절도 등을 고려하여 예약한다. 인기가 많은 식당이나 원하는 좌석을 예약하기 위해서는 시간적 여유를 두고 미리 예약하는 것이 유리하다. 만약 일정에 변화가 생겼다면 레스토랑에 반드시 연락을 취하여 예약 변경 또는 취소를 해야 한다. 예약한 당일에 나타나지 않는 노쇼(No-show)는 절대 없어야 한다. 당일 레스토랑에 도착하면 예약을 확인하고 짐 보관소에 큰 짐이나 코트를 맡긴 후, 직원의 안내를 받아 좌석으로 이동한다. 착석 후 메뉴를 선정하고 식사를 즐기면 된다.

제1절 서양 정식 코스의 이해

서양식은 코스에 따라 풀코스 세트메뉴인 정식요리(타블도트, Table d'hote), 일품요리(아라카르트, A la carte), 특별요리(Special menu)로 구분할 수 있다. 정식요리는 풀코스(Full Course) 메뉴로 한 끼분으로 구성되어 있으며 일정한 순서대로 미리 짜여져 있는 식단이다. 정해진 코스에 따라 음식이 차례대로 제공된다. 반면 일품요리는 여러 코스 중 자신이 원하는 요리만 선택하여 코스별로 특별히 주문하는 것을 말한다. 행사나 계절에 따라 레스토랑에서 특별히 운영하는 요리를 특별요리라고 하며 일정한 순서대로 미리 짜여져 있는 식단으로 Daily 메뉴이다. 메뉴를 주문할 때는 동행한 사람들의 선호도에 따라 선택하면 되고, 메뉴가 읽기 어렵고 모르는 내용이라면 직원에게 문의하여 주문하면 된다. 음식과 함께 와인을 주문할 수도 있다.

Pan-seared Duck Breast with Figs, Baked Yellow Potato, and Shredded Truffles
오리 가슴살 전채

Anise-flavored Fish Soup with Saffron Croutons
아니스향의 생선 스프

North Atlantic Salmon Fillet and Tomato Compote
신선한 연어 구이

or / 또는

Grilled Veal Loin, Red Onion Confit, Juniper Berry Licorice Juice
주방장 특제 송아지 안심

Mixed Green Salad with Hazelnuts and Fennel
계향 드레싱의 그린 샐러드

Mixed Fruits Gratin with Champagne Sabayon
샴페인 사바용의 과일 그라탱

Coffee or Tea
커피 또는 홍차

〈 정식코스 메뉴 〉

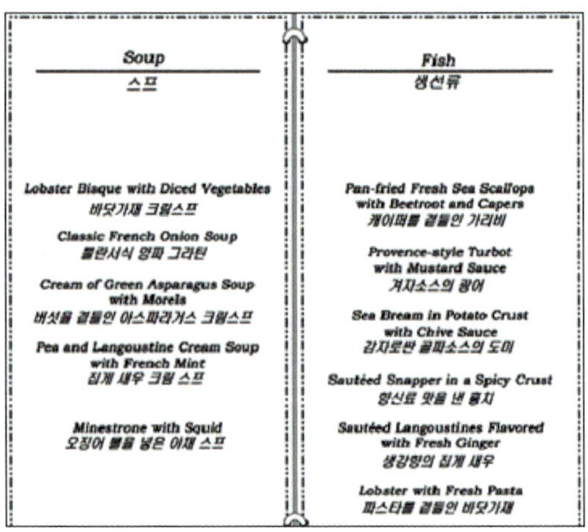
Soup
스프

Lobster Bisque with Diced Vegetables
바닷가재 크림스프

Classic French Onion Soup
불란서식 양파 그라탕

Cream of Green Asparagus Soup with Morels
버섯을 곁들인 아스파라거스 크림스프

Pea and Langoustine Cream Soup with French Mint
집게 새우 크림 스프

Minestrone with Squid
오징어 볼을 넣은 야채 스프

Fish
생선류

Pan-fried Fresh Sea Scallops with Beetroot and Capers
케이퍼를 곁들인 가리비

Provence-style Turbot with Mustard Sauce
겨자소스의 광어

Sea Bream in Potato Crust with Chive Sauce
감자로 싼 골파소스의 도미

Sautéed Snapper in a Spicy Crust
향신료 맛을 낸 퉁치

Sautéed Langoustines Flavored with Fresh Ginger
생강향의 집게 새우

Lobster with Fresh Pasta
파스타를 곁들인 바닷가재

〈 일품요리 메뉴 〉

음식과 어울리는 와인을 고르기 어렵다면 소믈리에나 직원에게 안내를 받는다.

정식코스의 경우 테이블에 많은 수의 포크와 나이프가 놓이게 되는데 가장 바깥의 포크와 나이프를 순서대로 사용하면 코스 순서대로 사용할 수 있도록 테이블세팅을 한다. 글라스는 오른쪽 상단에 위치하고 물잔 이외에 제공되는 와인 글라스가 놓여지고 샴페인이 제공되면 샴페인용 글라스가 준비된다. 혼동하지 말아야 할 사항은 왼쪽 접시의 빵이 나의 것이고 오른쪽에 있는 물잔이 나의 것이라는 것이다. 여러 사람이 함께 모여 식사를 할 경우 옆사람의 빵이나 물을 먹는 실수를 할 수 있으니 주의한다. '좌빵우물'이라는 말도 있다. 중앙에 위치한 접시 위치에 요리가 준비되며, 그 위에 있는 냅킨은 식사 전 펼쳐 사용하면 된다. 왼쪽에 있는 접시는 빵 전용 접시이며 버터 나이프가 함께 제공된다. 디저트용 포크, 스푼은 접시 위쪽에 놓여 있고 크기도 작아서 구별이 쉽다.

서양식 정식코스의 디너 코스(Dinner Course) 순서는 그림과 같이 '아페리티프(Apetif) ➡ 전채요리(Appetizer, Hors D'oeuvre) ➡ 수프(Soup) [➡ 빵과 버터 ➡ 생선요리 ➡ 셔벗(Sherbet)] ➡ 주요리(Main Dish, Entrée) ➡ 샐러드(Salad) ➡ 치즈(Cheese) ➡ 디저트(Dessert) ➡ 따뜻한 음료 또는 식후주(Hot Beverage, Liqueur)'이다. 최근에는 생선요리, 셔벗, 치즈 등을 생략하고 코스를 단순화하여 즐기는 경우가 많다.

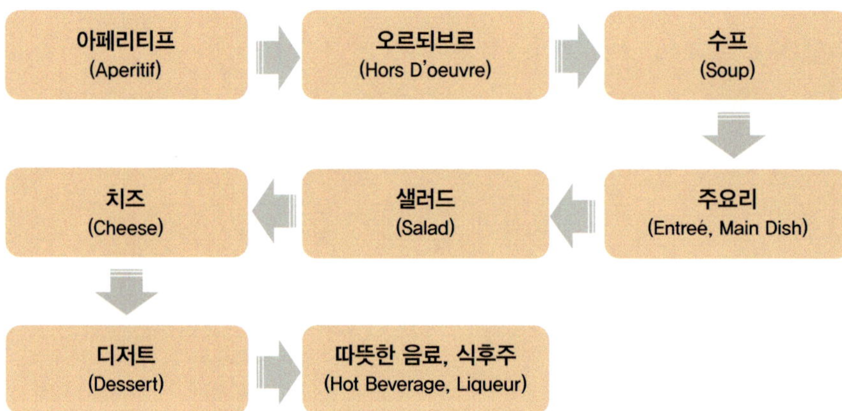

[그림 10-1] 서양 정식 Dinner Course 순서

제2절 코스별 메뉴

식전주(아페리티프 Apetif)

식사 전에 가볍게 마시는 음료로 식욕을 돋워 주는 역할을 한다. 주로 샴페인(Champagne), 셰리와인(Sherry Wine), 칵테일(Cocktail) 등이 해당된다.

전채요리(애피타이저 Appetizer, 오르되브르 Hors D'oeuvre)

전채요리는 영어로 '애피타이저(Appetizer)', 프랑스어로 '오르되브르(Hors D'oeuvre)'이다. 식욕을 촉진시키는 역할을 하는 전채요리는 약간 짜거나 신맛이 있고, 배를 채우기 위함이 아니므로 양은 매우 작고 한입에 먹을 수 있도록 준비된다. 또한 주요리와 중복되지 않도록 해야 하며, 고급 재료가 사용되는 경우가 많다. 가장 대표적인 전채요리는 캐비아(Caviar, 철갑상어알), 푸아그라(Fois Gras, 거위간), 생굴(Fresh Oyster), 카나페(Canape), 훈제연어(Smoked Salmon), 새우칵테일(Shrimp Cocktail) 등이 있다. 이 중에서 세계 3대 진미라고 불리는 캐비아(Caviar, 철갑상어알), 푸아그라(Fois Gras, 거위간), 트러플(Truffle, 송로버섯)이 재료로 사용되기도 한다.

〈 캐비어 〉

〈 푸아그라 〉

〈 트러플 〉

캐비아(Caviar)는 철갑상어의 알로 주로 달걀과 양파, 레몬을 곁들여 먹는다. 보관할 때는 0~2도 정도로 냉장보관해야 한다. 단백질, 비타민, 인, 칼륨, 철분 등 영양소가 매우 풍부하다. 러시아 보드카나 샴페인을 같이 곁들여 먹으면 좋다.

푸아그라(Fois Gras)는 거위의 간으로 파테(Pate, 재료를 혼합해 파이처럼 밀가루 반죽을 씌워 오븐에 구운 후 냉육하는 요리 방법)로 만들어 먹고 트러플을 곁들여 먹는다.

수프(Soup)

수프는 입안을 촉촉하고 부드럽게 해주는 음식이다. 수프는 식욕을 돋우고 뒤따르는 음식의 소화를 도와주며, 위벽을 보호하고 알코올에 대해 저항력을 강하게 해주는 역할을 한다. 수프는 농도가 진한 것과 맑은 것으로 구분 지을 수 있는데, 농도가 매우 진하고 전분이 함유된 걸쭉한 수프를 식 수프(Thick soup), 포타주(Portage)라고 하고, 채소수프(Puree)와 크림수프(Cream) 등이 해당된다. 고기와 채소류를 끓여 정제한 농도가 맑은 수프는 클리어수프(Clear soup), 콩소메(Consomme)라고 한다. 수프를 먹을 때는 뜨거운지 확인하고 스푼으로 조용히 저어 식혀가며 먹는다. 소리를 내지 않도록 하고 다 먹은 후에는 스푼 손잡이를 오른쪽으로 하여 그릇 안에 스푼을 두면 된다.

〈 Thick soup 〉

〈 Clear soup 〉

빵과 버터(Bread & Butter)

빵은 배를 불리기 위한 것이 아니라 매 코스별 새로운 음식의 맛을 제대로 즐기기 위해 코스 중간에 입을 씻어 주는 역할을 한다. 그러므로 빵은 디저트 이전 코스까지 계속 제공된다. 식사와 함께 즐기는 빵의 종류는 소프트롤, 하드롤, 프렌치 바게트, 갈릭 브레드, 포카치아, 브리오슈 등 매우 다양하다. 식사 시간에 어울리는 빵을 선택하여 즐기면 된다. 빵은 테이블 왼쪽 접시에 있는 것이 나의 것이므로 혼동하지 말아야 한다. 빵을 먹을 때는 포크나 나이프를 사용하지 않고 손으로 한입 크기만큼 뜯어서 버터를 발라서 먹는다. 버터는 버터나이프를 이용해 빵에 바른다. 빵을 손에 들고 입으로 베어 물어 먹는 것도 예절에 어긋난다.

생선요리(Fish)

생선은 생략되거나 육류 대신 주요리로 먹기도 한다. 서양식에서 생선은 주로 흰살 생선을 재료로 사용하고 그 외 연어가 사용되기도 한다. 생선요리는 먹을 때 생선을 뒤집지 않고 나이프와 포크를 이용해 살과 뼈를 분리해 먹는다. 레몬 슬라이스가 함께 나오면 생선 위에 올리고 포크로 짓이겨 즙을 낸다. 레몬이 웨지 형태로 나오면 한 손으로 레몬을 잡고 즙을 내는데 다른 손으로 손 주변을 감싸서 즙이 다른 곳으로 튀지 않도록 한다. 달팽이요리(Escargot)는 전용 도구인 스네일 텅(Snail tong)으로 껍데기를 잡은 후 스네일 포크(Snail fork)를 사용하여 꽂아서 먹는다 바닷가재인 경우 집게 발을 손으로 잡고 바닷가재 전용 가위로 가볍게 자른 후 전용포크로 살을 꺼내어 나이프와 포크로 잘라 먹는다. 껍질이 제거되고 먹기 좋게 나오는 경우도 많다.

셔벗(Sherbet, Sorbet)

생선요리와 육류요리 사이에 제공되어 입맛을 개운하게 만들어 주는 역할을 한다. 단맛이 적고 알코올 성분이 있으며 아이스크림과 소르베의 중간 형태인데, 최근에는 생략하는 경우가 많이 있다.

주요리(Entrée, Main dish)

메인요리에는 주로 육류요리 즉, 소고기, 돼지고기, 양고기, 닭고기, 칠면조 등이 주로 사용되며 그중 소고기가 가장 선호되는 주재료이다.

〈 비프 스테이크 〉

〈 양고기 〉

소고기 스테이크를 주문할 때는 선호하는 익힘 정도를 알려주고 요청해야 한다. 대부분 미디엄(Medium) 상태가 연하고 맛이 있으므로 선호하는 경우가 많다. 레어(Rare)는 겉표면만 살짝 익힌 상태로 속은 거의 익지 않은 정도이다. 미디엄 레어(Medium rare)는 레어(Rare)와 미디엄(Medium)의 중간 정도로 익힌 것으로 고기의 속 가운데가 핑크색과 붉은 부분이 섞인 상태이다. 미디엄(Medium)은 중간 정도로 익힌 것으로 중심부 전체가 핑크색이며 고기를 썰면 육즙이 새어나오는 정도이다. 미디엄 웰던(Medium welldone)은 미디엄과 웰던의 중간 정도이다. 웰던(Welldone)은 고기 속까지 완전히 잘 익은 상태이다.

주요리와 함께 나오는 소스는 요리의 풍미를 더해주고, 요리의 맛과 외형, 수분을 보완하여 요리를 한층 돋보이게 해주는 역할을 한다. 만드는 재료와 방법에 따라 맛이나 질감, 외관 등이 각기 개성을 지닌다. 그러므로 주요리와 함께 나온 소스와 함께 먹는 것이 좋다. 우선 맛을 보고 그 외의 소스가 필요하다면 소금, 후추, 인스턴트 소스를 첨가해도 좋다. 그러나 처음부터 함께 제공된 소스 이외의 것을 함께 먹는 것은 요리사를 무시하는 행동이므로 좋지 않다. 주요리를 먹을 때는 오른손에 나이프, 왼손에 포크를 들고 사용해야 하며 고기의 왼쪽 부분을 포크로 누르고 나이프로 한입 크기로 썰어서 먹는다. 한번에 잘라놓고 먹는 것보다 먹을 때마다 잘라서 먹는 것이 고기가 빨리 식지 않고 익힘 정도를 유지할 수 있으므로 더욱 맛있게 즐길 수 있다.

샐러드(Salad)

샐러드는 주요리 후에 먹기도 하고 주요리 전에 먹기도 하며 주요리와 함께 먹기도 한다. 샐러드는 알칼리성 식품으로 산성 식품인 육류요리를 중화하는 역할을 한다. 가볍고 신선한 미각으로 비중 있는 주요리와 조화를 이룬다. 샐러드에 드레싱을 곁들여 먹을 때는 다양한 드레싱이 있으므로 개인의 취향대로 선택할 수 있다.

치즈(Cheese)

프랑스에서는 저녁 만찬에서 치즈를 즐기는데 요즘은 일반적으로 생략하기도 한다. 치즈는 염소나 양, 산양 등의 젖을 응축하여 만든 식품으로 단백질, 칼슘, 인, 미네랄, 비타민 등을 함유한 고영양 식품이다. 수분 함량에 따라 연성치즈(55~70%), 반연성치즈(45~55%), 경성치즈(30~45%), 초경성치즈(25~30%)로 구분할 수 있다. 대표적인 것으로 카망베르, 브리, 고르곤졸라, 파마산, 에멘탈, 체다, 고다 등이 있다. 치즈는 4~6도 정도 냉장 보관하고, 건조되지 않도록 포장하여 보관하며 물방울이 생기지 않도록 주의한다. 치즈는 단맛의 요리가 나오기 전에 실온에서 즐기면 된다. 나이프로 작은 조각을 내어 소량씩 즐기고, 좋아하는 와인에 어울리는 치즈를 선택하기도 한다. 또한 빵이나 크래커와 함께 즐긴다.

디저트(Dessert)

디저트는 식사를 마무리하는 단계이다. 시각적인 측면을 고려하여 화려하게 만들어지고 이전에 제공된 요리와 조화를 이루어야 한다. 재료는 달고 향기가 있는 것을 사용하고 과자, 케이크, 과일, 아이스크림 등 다양하며, 단맛이 나고 소화를 돕는 역할을 한다. 과자는 부드러운 것, 과일은 수분 함량이 높은 것이 적당하다.

따뜻한 음료와 식후주(Hot Beverage & Liqueur)

코스의 마지막을 장식하며 커피 또는 홍차를 마시며 담소를 나눈다. 또는 식후주를 마시기도 한다. 커피는 쓴맛, 단맛 그리고 떫은 맛 등이 조화를 이루어 미묘한 쾌감을 주는 기호음료이다. 카페인과 탄닌 등의 성분으로 구성되어 있고 식사의 마지막에 마시는 음료이다. 차는 차나무의 어린 잎을 따서 가공한 제품으로 그윽한 맛으로 삶의 여유를 더해준다. 노화 방지, 항암 효과 등 다양한 효능이 있다.

식후주로 브랜디(Brandy)가 대표적이며 리큐어(Liqueur)를 즐기기도 한다. 리큐어는 혼성주의 일종으로 도수가 높고 단맛이 나는 알코올 음료이다.

제3절 식사할 때

식사 테이블에 착석할 때는 테이블과 나 사이에 주먹 2개 정도의 간격을 두고 의자 깊숙이 앉는다. 등은 등받이에 기대지 말고 반듯하게 앉고, 무릎을 과하게 벌리거나 다리를 꼬거나, 앞으로 뻗어서 맞은편 상대에게 불편을 끼치지 않도록 한다. 가방은 등 뒤, 발 옆의 바닥, 옆 빈자리, 가방 의자에 놓고 테이블 위에 올리거나 품에 끌어안지 않는다. 좌석을 정할 때 상석을 구별하여 앉도록 하고 상석은 입구 쪽에서 멀고 벽을 등진 자리, 경치가 보이는 자리이다.

테이블 위의 천으로 된 냅킨은 참석자 중 가장 연장자, 상위직급자 또는 호스트가 집어 들면 이후 다른 사람들도 사용하면 된다. 사용할 때는 음식물이 옷에 묻는 것을 방지하기 위해 반으로 접어 다리 위에 올려 놓는다. 성인이 냅킨을 목에 두르거나 바지 허리춤에 끼우는 것은 보기 좋지 않다. 냅킨에 코를 풀거나, 립스틱이 묻지 않도록 한다. 여성의 경우 입 주변을 닦을 때는 종이 냅킨을 사용한다. 식사 중 잠시 자리를 비울 때는 냅킨을 의자 위에 자연스럽게 올려두고, 식사를 마치고 자리를 뜨는 경우는 테이블 위에 올려둔다. 냅킨을 처음 상태처럼 잘 접어서 두는 것은 적절하지 않다.

중앙에 놓인 접시(또는 냅킨)를 중심으로 오른쪽에 나이프, 왼쪽에 포크가 놓이고, 놓인 그대로 오른손으로 나이프를, 왼손으로 포크를 사용한다. 왼손잡이라고 해도 손을 바꾸지 않는다. 포크, 나이프는 가장 바깥에 있는 것부터 사용하고 대화할 때 포크, 나이프를 들고 휘젓지 않는다. 나이프로 음식을 찍어 직접 입에 넣는 행동은 삼가고 식사 도중 포크, 나이프가 바닥에 떨어지면 직접 줍지 말고 직원에게 새것을 요청한다. 식사 도중 음식물을 씹거나 대화가 이어질 때는 포크와 나이프를 접시 위에 '8시 20분' 모양으로 올려놓는다. 코스별 요리를 다 먹고 다음 코스를 기다릴 때는 포크와 나이프를 '11'자로 접시 오른쪽에 놓아 다 먹었음을 알린다. 소금, 후추가 멀리 있는 경우, 가까운 사람에게 부탁하여 건네받으면 되고 이것은 실례가

아니다. 핑거볼을 사용할 때는 양손을 한번에 넣지 말고 한 손씩 번갈아가며 손가락 끝만 살짝 씻어준 후 냅킨으로 물기를 닦는다.

식사 중 개인적인 휴대폰 사용은 자제하고 업무상 급한 용건이 있을 경우 일행에게 미리 양해를 구하고 신속하게 용건을 마무리한다. 등받이에 등을 심하게 기대지 말고 테이블 위에 팔꿈치를 올려놓지 않는다. 음식물을 입에 넣은 채 말하는 것은 삼가고 음식물 씹는 소리를 내지 않도록 한다. 식사 중 트림을 한다거나 코를 풀지 않는다. 재채기는 음식물에 침이 튀지 않도록 주의한다. 먼저 식사가 끝나도 자리를 뜨지 말고 가급적 일행들과 식사 속도를 맞춘다. 계산은 직원에게 계산서를 요청하여 테이블에서 한다.

제4절 와인의 이해

음료의 분류

서양식은 코스별 식사뿐만 아니라 코스에 적합한 음료도 함께 발달해 왔다. 그중 가장 대표적인 음료는 알코올성 음료인 와인이다.

음료는 크게 알코올성 음료(Alcoholic Beverage)와 비알코올성 음료(Non-Alcoholic Beverage)로 구분한다. 알코올성 음료에는 양조주, 증류주, 혼성주로 구분하는데, 양조주(Fermented Liquor)는 곡류와 과실 등 당분이 함유된 원료를 효모균에 의해 발효시켜 만든 술이며 발효주라고도 한다. 양조주의 가장 대표적인 술이 와인, 샴페인이며 그 외 과실주, 맥주, 사케, 한국 술, 중국 술 등이 있다.

증류주(Destilled Liquor)는 곡물이나 과실 또는 당분을 포함한 원료를 발효시켜서 약한 주정분을 만들고 그것을 다시 증류기로 증류한 술이다. 위스키, 보드카, 진, 소주, 럼, 테킬라, 브랜디 등이 속한다. 혼성주(Compounded Liquor)는 과일이나 곡류를 발효시킨 주정을 기초로 하여 증류한 주정에 독특한 향기와 색깔 그리고 단맛을 가미하여 제조한 술로 리큐어, 비터스, 압생트 등이 있다. 비알코올성 음료는 청량음료, 영양음료, 기호음료로 구분되며, 주스류와 우유는 영양음료이며, 커피와 차는 기호음료이다.

식사 용도에 따라 식전주, 식중주, 식후주로 구분할 수 있다. 식전주는 식사 전에 식욕 증진을 도와주는 술로 샴페인(Champagne), 셰리(Sherry), 칵테일(Cocktail) 등이 있으며 달지 않고 시원하게 마신다. 식중주는 식사 중에 입맛을 새롭게 하고 소화를 돕는 역할을 하는 술로 대표적인 것이 와인과 맥주이다. 식후주는 식사 후에 입가심이나 소화를 촉진시키기 위해 마시는 술이다. 알코올 도수가 높고 달콤한 술이 많으며 브랜디(Brandy), 리큐어(Liqueur)가 있다.

와인(Wine)

와인은 일반적으로 포도를 발효시켜 만든 포도주를 의미하며, 좋은 와인은 원료인 포도의 품종, 포도의 생산지, 포도의 수확 연도(빈티지), 와인 제조 기술에 따라 좌우된다.

와인은 색에 따라 레드 와인(Red Wine), 화이트 와인(White Wine), 로제 와인(Rose Wine)으로 구분할 수 있다. 맛에 따라 드라이(Dry) 와인과 스위트(Sweet) 와인으로 구분하고, 제조법에 따라 일반 와인(Still Wine), 발포성 와인(Sparkling Wine), 강화 와인(Fortified Wine)으로 구분한다.

〈 레드 와인 〉

〈 화이트 와인 〉

〈 로제 와인 〉

〈 스파클링 와인 〉

와인의 보관은 매우 중요하다. 와인을 보관할 때는 빛, 온도, 진동을 피하는 것이 좋다. 코르크가 마르지 않고 촉촉해야 와인이 부패하지 않으므로 눕혀서 보관해야 한다. 와인을 마실 때는 레드 와인의 경우 실온(15~19℃), 화이트 와인과 로제 와인의 경우 8~12℃ 정도로 차게 마시는 것이 좋다. 스파클링 와인의 경우 5~8℃ 정도로 더욱 차갑게 하여 즐긴다.

와인은 제조 과정 중 오랜 숙성 기간을 거치게 되므로 병 속에 남아있는 거친 맛을 부드럽게 하기 위해 와인병을 미리 오픈하여 공기와 접촉할 수 있도록 한다. 공기 중의 산소와 접촉하게 됨으로써 와인의 향미가 되살아나는데 이 과정을 와인 브리딩(Breathing)이라고 한다. 레드 와인의 경우 마시기 30분 전에 오픈하여 브리딩하고, 화이트 와인의 경우 10~30분 전에 오픈하여 브리딩하면 와인을 더욱 맛있게 즐길 수 있다.

와인을 본격적으로 마시기 전에 와인의 상태를 확인하는 과정을 와인 테이스팅(Tasting)이라고 한다. 모임의 호스트가 주로 테이스팅을 하게 되는데, 우선 와인의 라벨을 확인하고 글라스에 소량만 따른 후 시음한다. 그 과정에서 와인의 빛깔과 투명도를 확인한 후 향기를 맡고 입안 전체로 맛을 느낀다. 이후 맛에 이상이 없으면 다른 사람들에게도 와인을 따르고 와인을 즐기면 된다.

〈 빛깔과 투명도 확인 〉

〈 향기 맡기 〉

〈 맛 보기 〉

와인을 즐길 때는 음식과의 조화가 매우 중요하다. 붉은색 계열의 육류와는 레드 와인이 잘 어울린다. 대표적인 음식이 소고기 스테이크이다. 송아지고기, 닭고기, 돼지고기의 경우는 화이트 와인이 대체로 잘 어울린다. 단 음식에는 스위트 와인이, 달지 않은 음식에는 드라이 와인이 잘 어울린다. 식사 코스와의 조화를 고려하여 코스별 와인의 종류를 바꾸어가며 즐길 수 있다. 숙성이 덜 된 와인에서 오래된 와인 순서로, 엷은맛에서 짙은맛으로, 드라이 와인에서 스위트 와인으로, 화이트 와인에서 레드 와인의 순서대로 즐기는 것이 조화롭다. 또한 식사와 와인을 함께 즐길 때는 그 나라별 음식과 그 나라별 와인이 좀 더 잘어울린다.

반면 와인과 어울리지 않는 음식이 있는데 식초를 사용한 드레싱을 곁들인 샐러드, 산이 포함된 자몽, 오렌지, 레몬과 같은 과일, 고등어와 같은 기름기 많은 생선, 달걀이 많이 들어간 요리 등이다.

11
Chapter

의전 매너

제1절 의전의 이해

의전(Protocol)의 어원은 그리스어의 맨처음이라는 'protokollen'과 붙이다의 'kollen'의 합성어이다. 의전은 조직이나 국가 또는 국가 간에 공식적으로 이루어지는 예절을 의미하며, 기업에서는 대내외적 업무 지원 활동 중 임원 및 사외이사 등에게 행해지는 예절을 의미한다. 기업에서 의전 업무 대상은 내부 규정으로 정하기도 하며 통상적으로 최고 의사 결정권을 가진 전 · 현직 임원 및 사외 이사와 동등한 위치에 있는 자에게 적용한다. 즉, 개인과 개인 간의 지켜야 하는 기본 예절을 에티켓이라고 하면 의전은 국가 간의 관계 또는 국가가 관여하는 공식행사에서 지켜야 하는 규범이다.

의전의 원칙 5R

① Respect(상대에 대한 존중과 배려)

의전은 상대의 문화 및 상대방에 대한 존중과 배려에서 출발해야 한다.

② Reflecting Culture (문화의 반영)

특정 지역, 특정 문화를 이해하고 그 품위를 높일 수 있도록 해야 한다.

③ Receiprocity (상호주의)

내가 배려한 만큼 상대방으로부터 배려를 기대하는 것이며, 국력과는 상관없이 1대1의 동등한 대우가 기본이다.

④ Rank (서열)

참석자 간의 서열을 지키는 것이 중요하다.

⑤ Right (오른쪽이 상석)

기본적으로 오른쪽이 상석이므로 서열 위, 여성, 손님에게 오른쪽을 양보한다. 단, 국가의 경우 주최측이 손님에게 상석을 양보하지 않는다.

제2절 행사 의전 원칙

서열

행사 의전에서 참석 인사에 대한 예우 기준은 헌법 등 법령에 근거한 공식적인 것 또는 선례에서 비롯된 관행적인 것을 따른다. 행사 의전 시 참석 인사에 대한 예우 기준을 적용할 때는 행사의 성격, 경과보고, 기념사 등 행사에서의 역할과 당해 행사와의 관련성 등을 고려하여 결정한다.

〈표 11-1〉 행사 서열 기준

직위에 의한 서열 기준	관례상 서열 기준
• 직급 순위 • 헌법 및 정부 조직법상의 기관 순위 • 기관장 선순위 • 상급 기간 선순위 • 국가 기관 선순위	• 전직 • 연령 • 행사 관련성 • 주빈 존중 • 부부 동반의 경우 부인의 서열은 남편과 동급 • 여성이 남성보다 상위(대표로 참석한 남성 예외) • 여성 간 서열은 기혼, 미망인, 이혼, 미혼 순 • 외국인 상위

좌석 배치

① 단상 좌석 배치

단상의 좌석 배치는 행사에 참석한 최상위자를 중심으로 하고, 최상위자가 부인을 동반하였을 때에는 단상 위에서 아래를 향하여 중앙에서 우측에 최상위자를, 좌측에 부인의 좌석을 각각 배치하면 된다. 그다음 인사는 최상위자 자리를 중심으로 단상 아래를 향해 오른쪽-왼쪽 순으로 교차하여 배치한다.

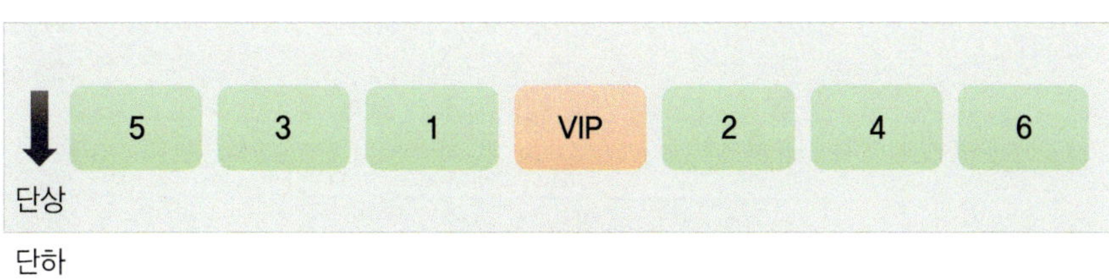

[그림 11-1] 최상위자 단독 참석 좌석 배치

[그림 11-2] 최상위자 부부 동반 참석 좌석 배치

② 단하 좌석 배치

단하 좌석 배치는 분야별로 좌석군을 정하는 것이 무난하다. 당시 행사의 관련성을 고려하여 단상을 중심으로 가까운 위치부터 좌석을 배치한다. 주관기관의 소속 직원은 뒤에, 초청 인사는 앞으로 배치한다. 행사 진행과 직접 관련이 있는 참석자는 단상에 근접하여 배치하고, 양분하는 경우 단상에서 단하를 바라볼 때 연대를 중심으로 오른쪽은 외부 초청 인사를, 그 왼쪽은 행사 주관 기관 인사로 구분하여 좌석을 배치한다.

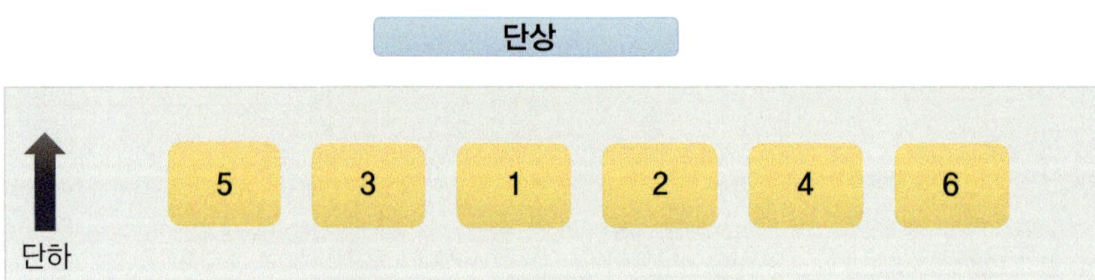

[그림 11-3] 단하 일반적 좌석 배치

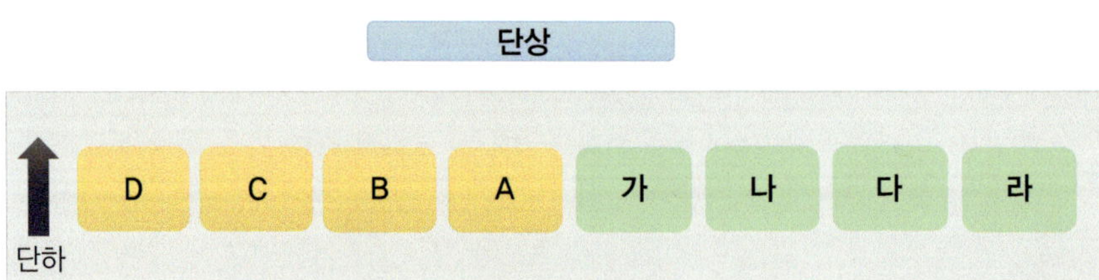

[그림 11-4] 단하 양분할 경우 좌석 배치

의전 수행 절차

- 주차장 또는 행사장 입구에서 영접한다.
- 현장 본부에 도착 보고를 한다.
- 좌석을 안내한다.
- 식순에 따라 다음 장소로 이동 시 안내한다.
- 기념품 준비 및 식사 여부를 확인한다.
- 행사 종료 시 환송한다.
- 의전 수행 중 특이 사항을 확인하다.
- History Card를 작성한다.

제3절 국제 행사 의전

사전 정보를 확인한다

- 인적 사항(성명, 직책, 생년월일, 사진, 학력, 경력, 기호, 선호 음식, 건강 등)
- 일별, 시간대별 스케줄 확인
- 방문 예정 및 소요 일정 확인
- 방문지 이동에 따른 사전 정보
- 언어 확인 및 통역 필요시 통역자 확인
- 항공편 정보

필요시 공항 영접을 준비한다

- 공항 VIP 라운지 예약
- 환영 인사 대상과 인원수 확인
- 수송계획

숙박 정보를 확인한다

- 호텔 객실 종류 및 이용 객실수 확인
- 객실 내 노트북과 팩스 등의 설치 여부
- 엘리베이터 상태와 VIP 전용 확인
- Express Check-in 확인
- 객실 환영 인사 카드, 꽃다발, 과일 바구니 등 준비 확인(필요시)

선물을 준비한다

- 국가 의전에서 선물은 그 나라의 문화와 상징을 교환하는 의미이다.
- 선물은 국가와 비즈니스 간의 관계를 이어주는 중요한 매개체 역할을 한다.
- 선물은 받는 사람의 문화와 종교에 적합한 품목인지 확인한다.
- 지나치게 고가인 선물은 삼간다.

Chapter 12

국가별 매너

국제화, 세계화로 인한 국가 간의 교류가 활발해짐에 따라 다른 국가의 매너를 이해하고 존중하며 배려하는 자세는 매우 중요하다. 지역별, 문화별, 국가별 특색이 예전에 비해 다소 희미해지고는 있으나 전문 서비스맨은 객관적 입장에서 글로벌 에티켓과 매너를 이해하고 국가별 고객들에게 맞춤 서비스를 제공하는 것이 필요하다.

제1절 동북아시아 국가

1) 중국

중국은 오래된 역사, 넓은 영토, 많은 인구의 나라이며 중화사상을 바탕으로 한 대륙기질을 가지고 있다.

비즈니스 매너

– 단시간 내에 비즈니스 거래가 이루어지기 어렵다. 시간과 여유를 가

지고 좋은 관계를 유지하여 신뢰를 얻은 이후 실질적인 계약이나 거래가 이루어지는 경우가 많다.

- 개인적인 우정과 신뢰를 중요시한다.
- 선물은 실용적인 것이 적절하고 붉은색을 좋아한다. 거절할 경우 여러 번 권해보는 것이 좋다.
- 선물할 때 청색과 백색은 장례를 연상시키므로 피하는 것이 좋다.
- 시계, 손수건 등은 선물로 적절하지 않다.

식사 매너

- 주인(호스트)이 먼저 식사를 시작하면 식사한다.
- 회전 식탁의 경우 시계 방향으로 돌린다.
- 음식을 덜어 먹으며, 공용 스푼이나 젓가락을 사용한다.
- 음식은 골고루 맛을 보는 것이 예의이다.
- 음식을 남김없이 먹는 것은 부족하다는 의미이므로, 약간 남기는 것이 예의이다.
- 차 문화가 발달하여 많이 마시며, 상대방의 잔이 비면 계속 따라준다.
- 음주와 흡연을 사교의 한 수단으로 여기는 경향이 있다.
- 계산은 테이블에서 직접하고 팁은 없다.

2) 일본

일본 사람들은 남에게 폐를 끼치지 않는 것이 최고의 덕목이라고 생각한다. 상대를 많이 배려하고 예절을 중시하며 자신도 배려를 받고 싶어한다.

비즈니스 매너

- 시간 약속을 지키는 것을 중요하게 생각한다.
- 일반적으로 상대에게 경어를 사용한다.
- 인사는 허리를 많이 굽히고, 상대가 허리를 굽힌 정도만큼 비슷하게 굽혀 인사한다. 가급적 상대보다 먼저 몸을 일으키지 않는다.
- 도보, 계단 이용 시 좌측 통행을 한다.
- 사적인 질문을 하는 것은 실례이다.
- NO라는 대답은 피하는 것이 좋다.
- 선물을 전달할 때 흰색 포장이나 흰색 꽃은 피한다.
- 선물로 칼은 피하고, 4를 제외한 짝수로 주는 것이 좋다.

식사 매너

- 개인용 그릇에 음식을 덜어 먹고 남기지 않는다.
- 젓가락만 사용하고 밥그릇은 들고 먹는다.
- 뚜껑이 있는 경우 뚜껑 안쪽이 위로 향하게 그릇 위쪽에 두고 식사 후에는 원래대로 덮는다.
- 식사 시 맥주나 위스키를 함께 마시는 경우가 많다.
- 음식은 남기면 맛이 없다는 의미이다.
- 술을 마실 때는 첨잔이 기본이다.

제2절 동남아시아 국가

1) 인도

- 세계 2위의 많은 인구로 유명하다.
- 인도인의 80% 이상이 힌두교이며 그 외에도 다양한 종교를 믿는다.
- 신분제도인 카스트제도가 있다.
- 음식을 먹을 때 오른손을 사용하고, 뜨거운 음식의 경우 순가락을 사용하기도 한다.
- 식사 중에 말하는 것은 무례하다고 생각한다.

2) 태국

- 국교가 불교이며, 승려와 종교적 상징물에 대해 공경을 표시한다.
- 합장한 자세로 인사한다.
- 머리는 신성한 부위로 여기므로 사람의 머리를 만지거나 쓰다듬는 행위는 삼간다.
- 선물이나 물건을 전달할 때 오른손을 사용한다. 왼손은 사용하지 않는다.

제3절 북아메리카 국가

1) 미국

- 유럽의 가치관을 기본으로 하고 있으나 그보다 개방적이고 자유주의적이다.
- 실용주의이며 평등의식이 강하다.
- 대화할 때 아이콘택트(Eye Contact)가 중요하다.
- 팁 문화가 발달한 나라로 상황별 적절한 팁을 지불한다.
- 식사 시에 유연한 대화를 하는 것이 예의이다.
- 식사 시에 개인접시를 사용하고 공용 스푼으로 덜어 먹는다.

제4절 유럽 국가

1) 영국

- 신사의 나라로 유명하며 전통, 질서, 복장 등이 까다롭고 엄격하다.
- 여성 존중 매너가 일반적이다. (Lady First)
- 공식 만찬에서 여왕을 위한 건배를 하며, 그 전에 담배를 피워서는 안된다.

2) 프랑스

- 프랑스인 90%가 가톨릭 신자이며 낙천적이고 다혈질이다.
- 영국과 독일에 대해 우월의식과 열등의식이 복합되어 있어 이를 자극하는 화제는 피한다.
- 남녀평등 사상이 강하고 여성의 사회 참여가 활발하다.
- 친한 사이에는 인사할 때 뺨에 가볍게 키스하기도 한다.
- 외국인들이 영어보다 프랑스어를 사용하는 것을 좋아한다.
- 테이블 매너를 매우 중요시한다.

3) 이탈리아

- 이탈리아인 90% 이상이 로마 가톨릭 신자이며 보수적이다.
- 고향과 가족 간의 결속이 강하다.
- 옷차림을 매우 중요하게 생각한다.
- 처음 만난 사이에는 악수를 하고 친한 관계에서는 포옹과 뺨에 키스를 하며 인사한다.
- 직함을 사용하는 경우가 많으므로 비즈니스 시 호칭 사용에 유의한다.

4) 러시아

- 비즈니스 관계에서 인내심을 가지는 것이 필요하다.
- 협상 자리에서 재킷은 벗지 않는다.
- 월요일, 금요일은 비즈니스 약속을 피한다.
- 경로사상이 강하고 가부장적이다.

– 상대가 건배를 제안했을 때 거절하는 것은 예의가 아니다.

제5절 국가별 제스처

각 국가별 관습과 문화가 다르듯이 그들이 사용하는 제스처도 다양한 의미를 지니고 있다. 같은 제스처를 취하는데 국가에 따라 다른 의미로 받아들이기도 한다. 다른 문화로 여행하고 사람들을 만날 때 에티켓을 지키고 좋은 매너를 보여주어야 하는 것은 물론 몸짓이 다른 의미로 전달될 수 있음을 인지해야 한다. 다음 그림에서의 제스처를 참고한다.

손바닥을 바깥으로 한 V 사인	손등을 바깥으로 한 V 사인

미국, 유럽 : 승리 그리스 : 욕설	영국, 프랑스 : '꺼져 버려'라는 의미 그리스 : 승리

주먹을 쥐고 엄지 손가락을 위로 올리는 사인

미국 : 매우 좋음
호주 : 무례한 행위, 거절
그리스 : '닥쳐'의 의미
러시아 : '동성애자'라는 의미
태국 : 심한 욕

손가락으로 링 모양을 만드는 사인

한국, 일본 : 돈
프랑스 남부 : 무가치함
미국, 서유럽 : OK
브라질, 중동, 러시아, 터키, 아프리카 : 음란하고 외설적인 의미

합장

태국, 기타 불교 국가 : 인사
핀란드 : 거만함의 표시

머리를 끄덕이는 행위

대부분의 국가 : 긍정의 뜻(Yes)
불가리아, 그리스 : 부정의 뜻(No)

손바닥을 펴서 흔드는 행위	손바닥을 아래로 하여 손짓하는 행위
	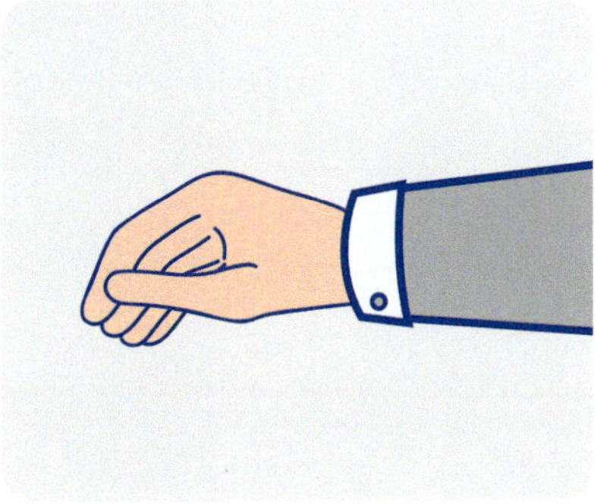
한국, 유럽 : 안녕 그리스 : 당신의 일이 잘되지 않기를 바람	중동, 극동 지역 : 오라는 의미 서구 지역 : 가라는 의미

참 / 고 / 문 / 헌

권경리 · 한광종, 국제매너와 이미지메이킹, 백산출판사, 2014

김민수 · 최진영, 서비스인들을 위한 이미지메이킹 실무, 새로미, 2019

문희정, 항공승무원을 위한 Image Making, 영민, 2011

미래 서비스 아카데미, 서비스 매너, 새로미, 2016

박혜정, 서비스맨의 이미지메이킹, 백산출판사, 2019

서여주, 365 글로벌 매너, 백산출판사, 2020

석은주, 성공을 위한 이미지 트레이닝, 백산출판사, 2021

양용훈 · 유지영 · 박정아, 2021 에듀윌SMAT모듈A, 에듀윌, 2021

오정주 · 권인아, 비즈니스 매너와 글로벌 에티켓, 한올, 2017

장순자, 서비스매너, 백산출판사, 2017

정명희 · 이원화, 이미지메이킹과 글로벌 매너, 새로미, 2018

정지수, 파티플래너 정지수의 이미지메이킹 파워, 백산출판사, 2015

지희진, 지교수의 행동하는 매너 메이킹하는 이미지, 한올, 2014

하승희, 서비스경영자격 SMAT module A, 케듀아이, 2019

한수정 · 우소연, 셀프 비즈니스 매너와 커뮤니케이션, 백산출판사, 2020

저자 약력

석은주

세종대학교 호텔관광경영학 박사
세종대학교 관광경영학 석사

현) 명지전문대학 항공서비스과 교수

전) ㈜대한항공 20년 근무
㈜대한항공 객실승무부 수석사무장 (부장)
㈜대한항공 객실승무부 라인팀장
㈜대한항공 객실훈련원 서비스 강사
㈜대한항공 객실훈련원 안전 교관
㈜대한항공 객실 안전심사관
㈜대한항공 신입승무원 채용 면접관

서비스맨을 위한 **이미지컨설팅**

2022년 3월 10일 초판 1쇄 발행
2026년 1월 30일 초판 4쇄 발행

지은이 석은주
펴낸이 진성원
펴낸곳 (주)백산출판사
교　정 박시내
본문디자인 구효숙
표지디자인 오정은

등　록 2017년 5월 29일 제406-2017-000058호
주　소 경기도 파주시 회동길 370(백산빌딩 3층)
전　화 02-914-1621(代)
팩　스 031-955-9911
이메일 edit@ibaeksan.kr
홈페이지 www.ibaeksan.kr

ISBN 979-11-6567-455-7　93980
값 20,000원